Cómo vivir
y trabajar en
ESTADOS UNIDOS

Guía Completa

© 2004, **TriAltea USA**
2730 Sw 3rd.Avenue, Suite 501
Miami, FL 33129
Tel. (305) 856 4600
trialteausa@grupoadi.com
© De esta edición:
2004, **Santillana USA Publishing Company, Inc**.
2105 NW 86th Avenue
Miami, FL 33122

Aguilar es un sello editorial del **Grupo Santillana**.
Éstas son sus sedes:
ARGENTINA, BOLIVIA, CHILE, COLOMBIA, COSTA RICA, ECUADOR,
EL SALVADOR, ESPAÑA, ESTADOS UNIDOS, GUATEMALA, MÉXICO,
PANAMÁ, PARAGUAY, PERÚ, PUERTO RICO, REPÚBLICA DOMINICANA,
URUGUAY Y VENEZUELA.

ISBN 1-59437-970-X

Producción: Jacqueline Rivera
Diseño de cubierta: Mauricio Laluz
Fotografía de cubierta: © Corbis/Cover

Impreso en Estados Unidos

Introducción

¡Usted también puede lograr el éxito en Estados Unidos!

Esta completa Guía le mostrará todo lo que debe saber para vivir y trabajar con éxito en el país más rico del mundo.

Tanto si está planeando trasladarse a Estados Unidos, como si ya vive aquí, esta Guía le ofrece todos los consejos e información necesarios para triunfar. Por primera vez, un solo libro le enseña todo lo que necesita saber para conseguir sus papeles, encontrar un mejor trabajo, conocer sus derechos, convertirse en propietario de su vivienda, estudiar a un costo reducido o incluso gratis, disfrutar de los beneficios de la salud pública y privada, obtener préstamos de dinero y créditos a bajo costo, disponer de ayuda legal gratuita, y mucho más.

Estados Unidos ofrece un mundo de oportunidades para quien las sabe aprovechar. Con la información que encontrará en esta Guía usted podrá sacar el máximo provecho de las oportunidades que tiene al alcance de la mano y que pocas personas conocen.

¡Adelante!

Usted también puede llegar a formar parte de ese selecto grupo de inmigrantes que triunfan en este país. No espere más. Déjese guiar de forma segura hacia una vida mejor y económicamente más exitosa. Usted también lo conseguirá.

El camino al éxito está ahora mismo en sus manos.

Índice

Residencia

Cómo puede un inmigrante legalizar su situación es uno de los temas que más preocupan e interesan a los recién llegados a Estados Unidos. Obtener la residencia y luego la ciudadanía son trámites que por varios motivos resultan más complicados para unos que para otros. Tal diferencia se explica por diversos factores, como el país de origen, la forma en que se llegó a Estados Unidos y, claro, las circunstancias personales. Este capítulo no intenta indicarle cómo obtener su residencia, pero sí tratará de mostrarle algunas opciones que se encuentran a su disposición.

Residencia legal

Un residente legal es aquella persona que ha obtenido autorización para vivir y trabajar en el país de manera permanente. Tal condición se puede lograr de diferentes maneras. La más común es que el peticionario, sea un familiar o un empleador, solicite que se le otorgue a un extranjero (el beneficiario) tal autorización ante los Servicios de Ciudadanía e Inmigración de Estados Unidos (*US Citizenship and Immigration Services*, USCIS), antes conocido como el Servicio de Inmigración, INS.

Existen también otros modos de residir legal y permanentemente en Estados Unidos, dependiendo de las condiciones personales del inmigrante y de su país de origen. En resumen, estos son algunos:

* A través de un familiar.
* A través de un empleador.
* A través de una inversión.
* A través de un asilo político o en condición de refugiado.
* Por lotería (se trata de un sorteo limitado a ciertos países).
* Por adopción (para menores de edad).
* O si se reúnen los requisitos para entrar en programas como el de reagrupamiento familiar, LIFE (*Legal Immigration Family Equity Act*); el que protege a las mujeres contra la violencia, VAWA (*Violence Against Women Act*) y otros programas que benefician a ciudadanos de países como Cuba (*Cuban Adjustment Act*), Haití (*Haitian Refugee Immigration Fairness Act of 1998, HRIFA*), Irak (*Iraqi Exemption to Asylee Adjustment Cap*), Nicaragua (*Nicaraguan Adjustment and Central American Relief Act*, NACARA, Sección 202 y Sección 203) y Siria (*Syrian Adjustment Act*).

Si el beneficiario se encuentra fuera de Estados Unidos, una vez que sea aprobada la solicitud correspondiente, el consulado estadounidense que se halle en su ciudad le notificará cuándo debe presentarse para completar el proceso y en su momento le adjudicará un número de visa. Si el beneficiario se encuentra en Estados Unidos, deberá solicitar un ajuste de estatus. Para más información, visite:

 http://uscis.gov/graphics/services/ visas.htm

Departamento de Seguridad

Son muchos los cambios que ha sufrido el país desde los ataques terroristas del 11 de septiembre de 2001. Uno de ellos fue la abolición de la oficina de *Immigration and Naturalization Services*, el famoso INS, en marzo de 2003, que era la entidad que procesaba las solicitudes de residencia. Las funciones del antiguo INS (que formaba parte del Departamento de Justicia) las cumplen ahora oficinas del recién creado Departamento de Seguridad Nacional, como:

- Aduanas y Protección de Fronteras (*US Customs and Border Protection*).
- Inmigración y Cumplimiento de las Leyes de Aduana (*US Immigration and Customs Enforcement*).
- Servicios de Ciudadanía e Inmigración (*US Citizenship and Immigration Services*). Esta última es la que procesa las solicitudes de residencia y ciudadanía.

Se ha de señalar que los cambios del antiguo INS a la nueva estructura serán progresivos, así pues es recomendable estar al tanto de ellos. El Departamento de Estado seguirá expidiendo las visas, previa autorización del Departamento de Seguridad Nacional.

> Los cambios del antiguo INS a la nueva estructura serán progresivos y es recomendable estar al tanto de ellos. El Departamento de Estado seguirá expidiendo las visas, previa autorización del Departamento de Seguridad Nacional.

Por lo general, el interesado, antes de viajar, según el país de ciudadanía al que pertenezca, debe solicitar una visa en la embajada o consulado del país que desea visitar, es decir el permiso o autorización que concede ese país a aquellos extranjeros que desean visitarlo.

Si uno entra en Estados Unidos sin visa y sin ser interrogado por un oficial de inmigración, se le considera un extranjero indocumentado o ilegal.

El visado sólo le da derecho a desplazarse a Estados Unidos, donde deberá presentarse ante el inspector de inmigración, que decidirá si lo deja entrar al país o no.

Tipos de visa

Existen dos tipos de visa: de inmigrante y de no inmigrante. La primera le da el derecho de vivir y trabajar de manera permanente en Estados Unidos. La segunda le permite visitar el país temporalmente. Dentro de esta última categoría, algunas le permitirán estudiar, otras trabajar de manera temporal y otras solamente visitar el país sin poder estudiar ni trabajar.

La visa de negocios (B1), por ejemplo, le permite hacer negocios en Estados Unidos, pero no trabajar; la de profesional (H-1B) trabajar temporalmente; la de turismo (B2) solamente le permite hacer turismo y la de estudiante (F) sólo le da permiso para estudiar. Además, existen otros tipos de visa.

Residencia

La residencia es lo que le permite al inmigrante vivir y trabajar permanentemente en Estados Unidos. Además, le brinda la oportunidad de convertirse en ciudadano a través de la naturalización. Sin embargo, tendrá que residir exclusivamente en este país durante un determinado tiempo, pagar impuestos, no haber cometido ni cometer ningún delito o infracción que le impida naturalizarse, y no podrá permanecer fuera del país más de un año, entre otros requisitos.

Hay circunstancias que inhabilitan a un individuo para solicitar la residencia, por ejemplo:

* Si entró a Estados Unidos sin visa, cuando iba de paso hacia otro país.
* Si entró a Estados Unidos como miembro de una tripulación con condición de no inmigrante.
* Si no fue admitido en el país después de haber sido interrogado por un oficial de inmigración.
* Si trabaja en Estados Unidos sin autorización o si su permanencia ya no es legal en el país (exceptuando casos en los que no sea por su culpa o por un motivo técnico). Esta regla no tiene vigor si usted es un familiar inmediato de un ciudadano estadounidense (es decir, cónyuge, padre, madre o hijo menor de 21 años).
* Si ha cometido un delito o ha infringido las leyes de inmigración.

Recuerde que cada caso es distinto y que la oficina está siendo reestructurada, por lo tanto esta información puede cambiar.

Muchas de estas razones se pueden apelar, así como también existen muchas otras por las cuales le pueden negar la residencia. Lo mejor es consultar el sitio web de los Servicios de Ciudadanía e Inmigración de Estados Unidos (http://uscis.gov).

Solicitudes y trámites

Si usted cumple los requisitos para convertirse en residente, entonces debe comenzar a realizar los trámites correspondientes, que se inician cuando el peticionario y el beneficiario presentan varios formularios debidamente diligenciados y otros documentos en la oficina pertinente. Estos formularios y documentos son distintos dependiendo de si la petición la hace un familiar o un empleador.

Entre esos formularios necesitará: la petición familiar (Formulario I-130) o la petición del empleador (Formulario I-140), la solicitud de

Servicios de Ciudadanía e Inmigración

Puede solicitar que le envíen los formularios por correo, llamando al 1-800-870-3676 (marque el 2 si desea que lo atiendan en español).

Si tiene acceso a Internet, puede descargarlos e imprimirlos en: http://uscis.gov/graphics/formsfee/forms/index.htm

residencia y cambio de estatus (Formulario I-485), el formulario sobre sus datos personales (Formulario G-325) y los del peticionario (Formulario G-325A), permiso de trabajo (Formulario I-765), el *Affidavit of Support* (Formulario I-864), exámenes médicos, prueba de manutención, etc. También le exigirán otros documentos adicionales, así como dos fotografías recientes.

Recuerde que la intención de esta guía es proporcionarle una información general.

Como cada caso es distinto y la oficina está siendo reestructurada, esta información tal vez varíe.

> Tan pronto como es inspeccionado y entra legalmente al país, recibe un permiso de estadía que generalmente es de seis meses. Este permiso es un papel blanco que recibe el nombre de Formulario I-94.

Tan pronto como sea inspeccionado y entre legalmente al país, recibirá un permiso de estancia, generalmente de seis meses. Este permiso es un documento de color blanco que recibe el nombre de Formulario I-94. Guárdelo muy bien, pues es la prueba de que entró legalmente al país.

Si desea permanecer más del tiempo aprobado, deberá presentar una solicitud para prorrogar este permiso de estancia (Formulario I-539), antes de que caduque el Formulario I-94.

Además, tendrá que justificar la razón para tal solicitud y pedir la prórroga por un tiempo razonable (de hasta seis meses) para que no se la denieguen. Este procedimiento tiene un costo. Si se le pierde, rompe o destruye el Formulario I-94 (o Formulario I-95 para miembros de tripulaciones de aviones y barcos) deberá solicitar un reemplazo, presentando el Formulario I-102 y el pago correspondiente. Adjunte lo que quedó del Formulario I-94 (en caso de que esté dañado), su pasaporte, el pasaje o cualquier prueba de su entrada al país, incluida una declaración jurada y pruebas de que puede mantenerse económicamente en Estados Unidos. Lo mejor es guardar el formulario en un lugar seguro y, si es posible, sacar una fotocopia.

Si lo pide un familiar

Los ciudadanos estadounidenses y los residentes permanentes pueden solicitar la residencia para sus familiares inmediatos, convirtiéndose así en peticionarios.

Si el peticionario es ciudadano estadounidense, puede reclamar al cónyuge, padre o madre (si el peticionario tiene al menos 21 años), o al hijo(a) soltero(a) menor de 21 años. Éstos no tienen limitación numérica y son considerados familiares inmediatos, de manera que adquieren la residencia de un modo casi automático si no hay un motivo que los descalifique. Otros familiares de ciudadanos son el hijo(a) soltero(a) mayor de 21 años, hijo(a) casado(a) y hermano(a), los cuales están sujetos a una limitación numérica anual.

Los residentes permanentes también pueden reclamar al cónyuge y al hijo(a) soltero(a), sujetos a limitaciones numéricas anuales.

El proceso puede durar entre algunos meses o varios años.

Los familiares que se pueden traer están limitados a la lista anterior, por lo tanto no hay esperanzas de que pida a sus tíos, primos, abuelos o sobrinos, aunque sea ciudadano.

Podrá encontrar más información sobre este tema si consulta la siguiente página:

 http://uscis.gov/graphics/services/ residency/family.htm

Para traer a su cónyuge legalmente a Estados Unidos, antes que nada, deberá tratarse de su esposo(a) legítimo(a). Si usted es ciudadano(a) estadounidense, su cónyuge es considerado un familiar inmediato y, por lo tanto, reúne los requisitos para una visa inmediata desde el momento en que se aprueba la solicitud. Si desea traer a su prometido(a), puede solicitar una visa de *fiancée* (Formulario I-129F), pero éste es un trámite largo y requiere mucha documentación. No sólo deberá llenar las solicitudes correspondientes y enviar fotos, sino también declaraciones juradas de su relación y pruebas de que esta relación lleva más de dos años (fotos, cartas, pasajes aéreos, etc.).

> Para traer a su cónyuge legalmente a Estados Unidos, éste(a) deberá ser su esposo(a) legítimo(a). El cónyuge reúne los requisitos para una visa inmediata en el momento en que se aprueba la solicitud.

También puede contraer matrimonio en su país de origen y hacer la petición ya no de su novio(a), sino de su cónyuge.
Si desea solicitar la residencia para sus padres, usted debe ser ciudadano estadounidense mayor de 21 años. Se entiende por padre o madre, el padre o madre naturales, adoptivos (si lo adoptaron antes de que cumpliera los 16 años) y el padrastro y la madrastra (siempre y cuando se hayan casado con su padre/madre antes de que usted cumpliera los 18 años). Si usted fue adoptado, no puede reclamar a sus padres naturales, ya que el proceso de adopción anula cualquier vínculo legal con ellos.
Se entiende por hijo, el descendiente natural de una pareja casada legalmente, el hijo de la madre soltera ciudadana, el hijo de padre soltero ciudadano si éste ha reconocido a su hijo legalmente antes de cumplir los 18 años y está bajo su custodia legal, y los hijos

adoptados antes de cumplir los 16 años. Puede pedir a su hijo, siempre y cuando sea ciudadano y su hijo sea:

* Menor de 21 años.
* Mayor de 21 años soltero.
* Mayor de 21 años casado (cambia la preferencia).

O si usted es residente y su hijo es soltero (tenga la edad que tenga).

> Si desea solicitar la residencia para sus padres, usted debe ser ciudadano estadounidense mayor de 21 años.

Cualquiera que sea el familiar que está reclamando, tendrá una fecha de prioridad, es decir, la fecha en que se hizo la petición para que fuera admitido como residente. Por eso debe guardar cuidadosamente el recibo del pago a los Servicios de Ciudadanía e Inmigración de Estados Unidos, así como el certificado de la oficina de correos (el papel verde de correos).
Nunca envíe correspondencia de este tipo sin solicitar que le den un comprobante de entrega (correo certificado con acuse de recibo).

La fecha de prioridad

La fecha de prioridad es su lugar en la lista de espera para obtener una de las visas que cada año fiscal se asignan a cada categoría de inmigrante (con excepción de los familiares inmediatos). Si se otorgaran las correspondientes a ese año fiscal, seguirá en lista de espera para el año siguiente que comienza el 1º de octubre.

Una vez que obtenga la residencia condicional, deberá esperar dos años hasta obtener la residencia permanente.

A las personas que obtienen la residencia a través de su cónyuge, les expiden una tarjeta de residencia condicional o temporal, que caduca dos años después.

El paso siguiente es presentar una solicitud para eliminar esa condición de temporalidad o de condicionalidad.

> Noventa días antes de cumplir los dos años desde que se le expidió la residencia condicional, deberá presentar el Formulario I-751, la documentación y los pagos correspondientes, para obtener la residencia permanente.

Noventa días antes de cumplir los dos años desde que se le expidió la residencia condicional, deberá presentar el Formulario I-751, la documentación y los pagos correspondientes. Entre las pruebas que le serán de utilidad se incluyen aquellos documentos en los que aparezcan su nombre y el de su cónyuge, como el título de propiedad de su casa o contrato de arrendamiento, estados de cuenta bancarios, registro de automóviles, pólizas de seguros, certificados de nacimiento de hijos, etc.

La cita con inmigración

Hasta ahora todo el proceso ha sido por correo, después viene la cita. Es recomendable que envíe todos los documentos por correo certificado a la oficina correspondiente y espere a que lo citen. El día de la entrevista, llegue puntual y lleve todos los documentos pertinentes. Si necesita un traductor, pídalo con anticipación.

Si usted ha sido víctima de maltratos y ya no vive con su cónyuge, puede presentar la solicitud adjuntando las pruebas correspondientes, como informes de policía, reportes médicos y declaraciones juradas de testigos del abuso.

Si su cónyuge con estatus de ciudadano ha fallecido, ustedes permanecieron casados por un mínimo de dos años y no estaban legalmente separados en el momento del fallecimiento, envíe el Formulario I-360 y adjunte el certificado de defunción. Tiene un plazo de dos años desde la fecha del fallecimiento.

Si lo pide su empleador

Otra manera de obtener la residencia es cuando el peticionario es su empleador, quien deberá seguir un proceso que incluye varios pasos, como por ejemplo solicitar la llamada Certificación Laboral (ETA-750 A y B) que es expedida por el Departamento de Trabajo. Luego, los Servicios de Ciudadanía e Inmigración de Estados Unidos deberán aprobar la petición de trabajador extranjero (Formulario I-140), junto con otros documentos, entre los que se encuentran la carta de oferta de empleo, la prueba de solvencia del empleador, etc. Una vez que el Formulario I-140 sea aprobado, si se encuentra en Estados Unidos, deberá solicitar el ajuste de su estatus (Formulario I-485).

Si usted se encuentra en su país de origen, entonces deberá esperar a que el consulado estadounidense lo cite para completar el proceso. Existen cinco categorías de empleo para obtener la residencia por trabajo:

* **Primera preferencia** (EB-1 *Priority Workers*), para personas con aptitudes extraordinarias, como profesores o investigadores destacados, y ciertos

ejecutivos y gerentes de multinacionales. No requiere disponer de Certificación Laboral.

- **Segunda preferencia** (EB-2 *Workers With Advanced Degrees or Exceptional Ability*), personas que han obtenido grados profesionales avanzados o personas con habilidades excepcionales en las ciencias, artes o negocios. Esta preferencia requiere una Certificación Laboral y una oferta de empleo.
- **Tercera preferencia** (EB-3 *Professionals, Skilled Workers, and Other Workers*), profesionales con *bachelor's degrees* que no reúnan los requisitos para la segunda categoría, con por lo menos dos años de experiencia como trabajadores especializados, y trabajadores no especializados con menos de dos años de experiencia cuya labor no haya quién la desempeñe en el país. Se requiere Certificación Laboral y oferta de empleo.

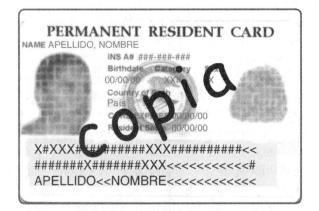

Una vez se elimine la condición de temporalidad de su residencia, recibirá por correo la tarjeta que lo identifica como residente permanente.

- **Cuarta preferencia** (EB-4 *Special Workers Such as Those in a Religious Occupation or Vocation*), personas que por lo menos dos años antes de solicitar la visa han pertenecido a una organización religiosa que tenga sede sin fines de lucro en Estados Unidos. Son personas que continuarán trabajando en su vocación religiosa u ocupación.
- **Quinta preferencia** (EB-5 *Employment Creation*), para personas que desean obtener la residencia haciendo una inversión por valor de $1,000,000. El USCIS tiene la potestad de aumentar o de reducir esa suma.

El TPS

El TPS, *Temporary Protected Status*, es un estatus migratorio temporal que se le otorga a las personas que cumplen ciertos requisitos y que provienen de países específicos.

En la actualidad, los siguientes países o algunas regiones de los siguientes países reúnen los requisitos:

- Burundi
- El Salvador
- Honduras
- Liberia
- Montserrat
- Nicaragua
- Sierra Leona
- Somalia
- Sudán

En 1990, el Congreso estableció un procedimiento a través del cual el Secretario de Justicia puede otorgar el TPS a los inmigrantes que no tienen forma de regresar a su país por un tiempo, ya sea por un conflicto armado, desastres naturales u otras condiciones extraordinarias y temporales.

Durante el período que el Secretario de Justicia designe a un país dentro del programa de TPS, los beneficiarios pueden permanecer en Estados Unidos e, incluso, obtener permiso de trabajo.

Sin embargo, el TPS no es una vía para obtener la residencia permanente. Una vez que termina el programa de TPS respecto a un país determinado, los beneficiarios regresan al mismo estatus migratorio que tenían antes, a menos que éste haya caducado o haya sido anulado, o a cualquier estatus que hayan registrado antes de acogerse al TPS.

Reúnen los requisitos para acogerse al TPS los nacionalizados de los países (o personas que no siendo nacionalizadas residen en ese país) designados por el Secretario de Justicia, si:

* Documentan presencia física y continua, y residencia continua en Estados Unidos por un período de tiempo específico.
* No tienen antecedentes penales.
* Se registraron para el TPS en el tiempo correspondiente.

No reúnen los requisitos para el TPS:

* Quienes hayan comentido un crimen, o dos o más delitos menores en Estados Unidos.
* Quienes sean terroristas perseguidos o de alguna manera estén sujetos a uno o varios impedimentos para obtener asilo, relacionados con la seguridad.
* Quienes estén sujetos a una o varias bases criminales de inadmisibilidad.

Quienes deseen acogerse al TPS deben poder leer, escribir,

hablar y entender palabras de uso común en inglés, excepto si han permanecido legalmente en el país por períodos que sumen 15 años y sean mayores de 55 años, hayan residido por períodos que sumen 20 años o más y sean mayores de 50 años, o tengan discapacidades físicas o mentales, médicamente comprobables, que les impidan aprender inglés. Para más información sobre el TPS, visite:

 http://uscis.gov/graphics/services/ tps_inter.htm

El estatus de su petición

Para saber el estatus de su petición, comuníquese con la oficina de los Servicios de Ciudadanía e Inmigración que recibió su solicitud. Deberá estar preparado para suministrarles información específica sobre su solicitud.

Si tiene el número del recibo de su solicitud, puede buscar la información, en inglés y español, en el sitio web:

 https://egov.immigration.gov/cris /jsps/index.jsp

Para obtener información sobre los requisitos, cómo completar los formularios y otros procedimientos, cómo solicitar los formularios, horarios de atención y dirección de oficinas locales, llame desde Estados Unidos (incluidos Puerto Rico, Guam y las Islas Vírgenes) al sistema automatizado y gratuito, 24 horas al día, siete días a la semana:

1-800-375-5283
(marque el 2 para español)

Elija un buen abogado

Estados Unidos es un país de inmigrantes; usted ni es el único, ni está solo. Si sus recursos se lo permiten y su caso es complicado, busque el asesoramiento de un abogado, pero tenga cuidado al elegirlo.

Así como existen excelentes abogados, existen personas sin escrúpulos que se aprovecharán de su situación, no sólo robándole su dinero, sino haciéndole perder su tiempo, jugando con sus ilusiones y metiéndolo en problemas. Muchas de estas personas se esconden tras nombres de compañías que parecen legales o dan la impresión de trabajar respaldadas por los Servicios de Ciudadanía e Inmigración.

> Antes de contratar a un abogado, pida ver cartas que lo acrediten como profesional y como miembro del Colegio de abogados, así como la licencia para ejercer su profesión.

Antes de contratar los servicios de un abogado, pida ver cartas que lo acrediten como profesional y como miembro del Colegio de abogados, así como la licencia para ejercer su profesión. Recuerde que en Estados Unidos es ilegal dedicarse a la abogacía sin la respectiva licencia.

Asociación Americana de Abogados de Inmigración
American Immigration Lawyers Association, AILA

(202) 216-2400
1-800-954-0254
(para recomendación de abogados)

www.aila.org/

Lo mejor para encontrar un abogado es buscar referencias de amigos y conocidos que ya se hayan valido de sus servicios. También puede acudir a los centros de ayuda para inmigrantes de su ciudad. Incluso es posible que el mismo consulado o embajada de su país le pueda recomendar alguno.

Si lo desea, puede acudir a la Asociación Americana de Abogados de Inmigración (*American Immigration Lawyers Association, AILA*), donde podrán recomendarle uno, llamando al 1-800-954-0254 o visitando su página web: www.aila.org/.

AILA, fundada en 1946 sin afiliación política ni ánimo de lucro, cuenta entre sus miembros con más de ocho mil abogados y profesores de derecho que practican y enseñan leyes de inmigración en Estados Unidos. La asociación no da asesoramiento legal, pero sí recomienda a sus abogados miembros y sirve tanto a individuos, empresas, estudiantes, artistas y atletas extranjeros, como a personas que solicitan asilo.

Para que le recomienden a un abogado que ejerza en su ciudad o estado, llame al 1-800-954-0254 o envíe un e-mail a: ilrs@aila.org, en el que consten su nombre, ciudad y la razón por la que necesita un abogado de inmigración.

En el sitio web de la asociación encontrará información valiosa; por ejemplo: cómo le puede ser útil un abogado de inmigración, cómo encontrar un abogado, además de aconsejarle sobre cómo evitar ser víctima de personas sin escrúpulos que ofrecen servicios legales sin ser profesionales especializados y certi-ficados, y que ofrecen soluciones rápidas y fáciles.

Además, AILA tiene publicaciones en inglés y en español sobre diversos temas relcionados con inmigración. Para solicitarlos, visite:

 https://www.aila.org/contentViewer.aspx?bc=13

Existen numerosas organizaciones caritativas que prestan ayuda a los inmigrantes. Es posible que en su ciudad ofrezcan servicios de asistencia legal gratuitos o a muy bajo costo si cumple los requisitos. La mejor forma de llegar a ellas es a través de amigos, asociaciones de ayuda a inmigrantes, iglesias, escuelas e incluso la propia embajada o consulado de su país de origen y la misma AILA.

Oficinas del USCIS

El USCIS tiene oficinas en todo el país adonde puede acudir para pedir información y realizar todos los trámites pertinentes. Sin embargo, no en todas las oficinas se tramitan todo tipo de peticiones. Para averiguar a qué dependencia debe acudir, según su caso y el estado donde resida, visite el sitio web:

 http://uscis.gov/graphics/ fieldoffices/index.htm

Allí encontrará direcciones y teléfonos para oficinas como:

- *USCIS District Offices* y *Sub Offices.*
- *Asylum Offices.*
- *Application Support Centers* (huellas dactilares).
- Oficinas en el extranjero.
- *USCIS Service Centers.*
- *Naturalization.*
- *Asylum Applications.*

Existen 33 oficinas distritales de los Servicios de Ciudadanía e Inmigración de Estados Unidos.
A continuación transcribimos el listado de direcciones para acudir

en persona o para enviar correspondencia, que aparece en el sitio web del USCIS. Sin embargo, debido a los cambios que hay en esta entidad, le recomendamos verificar la dirección o el teléfono antes de iniciar alguna gestión, ya sea en el anterior sitio web, o en el teléfono:

 1-800-375-5283
(marque el 2 para español)

ALASKA
- **Anchorage**
  Anchorage District Office
  620 East 10th Ave,
  Suite 102
  Anchorage, AK 99501
  Para enviar correspondencia:
  Anchorage District Office
  620 East 10th Avenue,
  Suite 102
  Anchorage, AK 99501

ARIZONA
- **Phoenix**
  Phoenix District Office
  2035 North Central Avenue
  Phoenix, AZ 85004

CALIFORNIA
- **Los Angeles**
  Los Angeles District Office
  300 North Los Angeles
  Street, # 1001
  Los Angeles, CA 90012
  Para enviar correspondencia:
  Los Angeles District Office
  300 North Los Angeles
  Street, Room 1001
  Los Angeles, CA 90012

- **San Francisco**
  San Francisco District Office
  444 Washington Street
  San Francisco, CA 94111
  Para enviar correspondencia:
  San Francisco District Office
  630 Sansome Street
  San Francisco, CA 94111
- **San Diego**
  San Diego District Office
  U.S. Federal Building
  880 Front Street,
  Suite 1234
  San Diego, CA 92101
  Para enviar correspondencia:
  San Diego District Office
  880 Front Street,
  Suite 1234
  San Diego, CA 92101

COLORADO
- **Denver**
  Denver District Office
  4730 Paris Street
  Denver, CO 80239
  Para enviar correspondencia:
  Denver District Office
  4730 Paris Street
  Denver, CO 80239

FLORIDA
- **Miami**
  Miami District Office
  7880 Biscayne Boulevard
  Miami, FL 33138
  Para enviar correspondencia:
  Miami District Office
  7880 Biscayne Boulevard
  Miami, FL 33138

GEORGIA
- **Atlanta**
  Atlanta District Office
  Martin Luther King Jr.
  Federal Building
  77 Forsyth Street SW
  Atlanta, GA 30303

HAWAII
- **Honolulu**
  Honolulu District Office
  595 Ala Moana Boulevard
  Honolulu, HI 96813
  Para enviar correspondencia:
  Honolulu District Office
  595 Ala Moana Boulevard
  Honolulu, HI 96813

ILLINOIS
• **Chicago**
Chicago District Office
10 West Jackson Boulevard
Chicago, IL 60604
Para enviar
correspondencia:
Chicago District Office
10 West Jackson Boulevard
Chicago, IL 60604

LOUISIANA
• **New Orleans**
New Orleans District Office
701 Loyola Avenue
New Orleans, LA
Para enviar
correspondencia:
U.S. Department of
Homeland Security
Immigration Office
701 Loyola Avenue
Room T-8011
New Orleans, LA 70113

MAINE
• **Portland**
Portland District Office
176 Gannett Drive
South Portland, ME 04106
Para enviar
correspondencia:
Portland, Maine District Office
176 Gannett Drive
So. Portland, ME 04106

MARYLAND
• **Baltimore**
Baltimore District Office
Fallon Federal Building
31 Hopkins Plaza
Baltimore, MD 21201
Para enviar
correspondencia:
Baltimore District Office
Fallon Federal Building
31 Hopkins Plaza
Baltimore, MD 21201

MASSACHUSETTS
• **Boston**
Boston District Office
John F. Kennedy
Federal Building
Government Center
Boston, MA 02203
Para enviar
correspondencia:
Boston District Office
John F. Kennedy Federal Bld.
Government Center
Boston, MA 02203

MICHIGAN
• **Detroit**
Detroit District Office
333 Mt. Elliot
Detroit, MI 48207
Para enviar
correspondencia:
Detroit District Office
333 Mt. Elliot
Detroit, MI 48207

MINNESOTA
• **St. Paul**
St. Paul District Office
2901 Metro Drive,
Suite 100
Bloomington, MN 55425
Para enviar
correspondencia:
St. Paul District Office
2901 Metro Drive, Suite 100
Bloomington, MN 55425

MISSOURI
• **Kansas City**
Kansas City District Office
9747 Northwest Conant
Avenue
Kansas City, MO 64153
Para enviar
correspondencia:
Kansas City District Office
9747 Northwest Conant

Avenue
Kansas City, MO 64153

MONTANA
• **Helena District**
Helena District Office
2800 Skyway Drive
Helena, MT 59602
Para enviar
correspondencia:
Helena District Office
2800 Skyway Drive
Helena, MT 59602

NEBRASKA
• **Omaha**
Omaha District Office
3736 South 132nd Street
Omaha, NE 68144
Oficina de información:
13824 T Plaza (Millard
Plaza)
Omaha, NE 68137

NEW JERSEY
• **Newark**
Newark District Office
Peter Rodino, Jr.
Federal Building
970 Broad Street
Newark, NJ 07102
Para enviar
correspondencia:
Newark District Office
970 Broad Street, Room 136
Newark, NJ 07102

NEW YORK
• **Buffalo**
Buffalo District Office
Federal Center
130 Delaware Avenue
Buffalo, NY 14202
Para enviar
correspondencia:
Buffalo District Office
Federal Center

130 Delaware Avenue
Buffalo, NY 14202
- **New York City**
  New York City District Office
  26 Federal Plaza
  New York City, NY 10278
  Para enviar
  correspondencia:
  New York City District Office
  26 Federal Plaza
  New York City, NY 10278

OHIO
- **Cleveland**
  Cleveland District Office
  A.J.C. Federal Building
  1240 East Ninth Street,
  Room 1917
  Cleveland, OH 44199
  Para enviar
  correspondencia:
  Cleveland District Office
  A.J.C. Federal Building
  1240 East Ninth Street,
  Room 1917
  Cleveland, OH 44199

OREGON
- **Portland**
  Portland, Oregon District
  Office
  511 NW Broadway
  Portland, OR 97209
  Para enviar
  correspondencia:
  Portland, Oregon District
  Office
  511 NW Broadway
  Portland, OR 97209

PENNSYLVANIA
- **Philadelphia**
  Philadelphia District Office
  1600 Callowhill Street
  Philadelphia, PA 19130
  Para enviar
  correspondencia:
  Philadelphia District Office

1600 Callowhill Street
Philadelphia, PA 19130

PUERTO RICO
- **San Juan**
  San Juan District Office
  San Patricio Office Center
  7 Tabonuco Street, Suite 100
  Guaynabo, Puerto Rico
  00968
  Para enviar
  correspondencia:
  San Juan District Office
  P.O. Box 365068
  San Juan, PR 00936

TEXAS
- **Dallas**
  Dallas District Office
  8101 North Stemmons
  Freeway
  Dallas, TX 75247
  Para enviar
  correspondencia:
  Dallas District Office
  8101 North Stemmons
  Freeway
  Dallas, TX 75247
- **El Paso**
  El Paso District Office
  1545 Hawkins Boulevard,
  Suite 167
  El Paso, TX 79925
  Para enviar
  correspondencia:
  El Paso District Office
  1545 Hawkins Boulevard,
  Suite 167
  El Paso, TX 79925
- **Harlingen**
  Harlingen District Office
  2102 Teege Avenue
  Harlingen, TX 78550
  Para enviar
  correspondencia:
  Harlingen District Office
  2102 Teege Avenue
  Harlingen, TX 78550
- **Houston**

Houston District Office
126 Northpoint
Houston, TX 77060
Para enviar
correspondencia:
Houston District Office
126 Northpoint
Houston, TX 77060
- **San Antonio**
  San Antonio District Office
  8940 Fourwinds Drive
  San Antonio, TX 78239
  Para enviar
  correspondencia:
  San Antonio District Office
  8940 Fourwinds Drive
  San Antonio, TX 78239

WASHINGTON
- **Seattle**
  Seattle District Office
  815 Airport Way South
  Seattle, WA 98134
  Para enviar
  correspondencia:
  Seattle District Office
  815 Airport Way South
  Seattle, WA 98134

WASHINGTON, D.C.
Washington District Office
4420 N. Fairfax Drive
Arlington, VA 22203
Para enviar
correspondencia:
Washington District Office
4420 N. Fairfax Drive
Arlington, VA 22203

Glosario

Adjust of status: Ajuste de estatus.
Admitted: Admitido.
Affidavit of support: Prueba de manutención.
Alien: Extranjero.
Appeal: Apelar.
Applicant: Solicitante, peticionario.
Application procedures: Procedimientos de solicitud.
Application: Solicitud, petición.
Appointment: Cita.
Asylee: Asilado.
Asylum: Asilo.
Biographic data: Información biográfica, datos personales.
Bureau of Citizenship and Immigration Services, USCIS: Servicios de Ciudadanía e Inmigración de EE.UU.
Business hours: Horas de atención al público.
Certified mail: Correo certificado.
Change of address: Cambio de dirección.
Citizen: Ciudadano.
Citizenship: Ciudadanía.
Continuous resident: Residente continuo.
Customers: Clientes.
Department of Homeland Security: Departamento de Seguridad Nacional.
Department of Justice: Departamento de Justicia.
Download: Descargar de un sitio web.
Eligibility requirements: Requisitos de elegibilidad.
Employee: Empleado.
Employer: Empleador, patrón.
Employment authorization: Autorización de empleo.
Expiration date: Fecha de vencimiento.
Fees: Costos, pagos, honorarios.
Fiancé(e): Prometido(a.)

Fingerprints: Huellas dactilares.
Foreign national: Extranjero.
Form: Formulario.
Hours of operation: Horas de funcionamiento, de atención al público.
Immediate relative: Pariente cercano (consanguíneo de primer grado).
Immigration: Inmigración.
Inspected: Interrogado, inspeccionado.
Interview: Entrevista.
Lawful permanent resident: Residente permanente y legal.
Lawyer: Abogado.
Letter: Carta.
Mail: Correo.
Married: Casado.
Medical examination: Examen médico.
Minor: Menor de edad.
Official: Empleado oficial, funcionario del gobierno.
Parents: Padres.
Pending application: Solicitud pendiente.
Permanent residency: Residencia permanente.
Permanent resident: Residente permanente.
Permanent resident card: Tarjeta de residencia permanente.
Personal assistance: Atención personal.
Petition: Petición, solicitud.
Referal: Referencia, recomendación.
Refugee: Refugiado.
Relative: Pariente.
Single: Soltero.
Spouse: Cónyuge.
Toll free: Número gratuito.
Unmarried: Soltero.
Web site: Sitio web.
Widow(er): Viudo(a.)
Work permit: Permiso de trabajo.

En resumen...

Si usted entra en Estados Unidos sin visa y sin ser interrogado por un oficial de inmigración, se le considera un extranjero indocumentado o ilegal.

Existen dos tipos de visas: de inmigrante y de no inmigrante. La primera le da derecho a vivir y trabajar de un modo permanente en Estados Unidos. La segunda, sólo de visitar el país temporalmente.

Para solicitar la residencia es necesario vivir durante un determinado tiempo en Estados Unidos, no haber cometido ni cometer ningún delito o infracción que le impidan naturalizarse y no permanecer fuera del país durante más de un año.

El TPS, *Temporary Protected Status*, es un estatus migratorio temporal que se le otorga a las personas que cumplen ciertos requisitos y que provienen de países específicos.

Para cualquier trámite debe enviar los documentos por correo certificado a la oficina correspondiente y esperar a que lo citen. Si necesita de los servicios de un traductor, pídalo con antelación.

Si desea saber el estatus de su petición, comuníquese con la oficina de los Servicios de Ciudadanía e Inmigración que recibió su solicitud. Deberá estar preparado para suministrarles información específica sobre su solicitud.

Para encontrar un abogado pida referencias a sus amigos y conocidos. También puede acudir a los centros de ayuda para inmigrantes, al consulado o embajada de su país, o a la Asociación Americana de Abogados de Inmigración (*American Immigration Lawyers Association*, AILA).

Ciudadanía

Ser ciudadano de Estados Unidos trae muchos beneficios, como el derecho al voto y el acceso a trabajos gubernamentales. Para naturalizarse, los residentes legales deben cumplir ciertos requisitos, entre ellos haber vivido durante un tiempo en el país y no tener antecedentes penales. Después de enviar los formularios correspondientes, el solicitante deberá presentarse a una entrevista personal donde demostrará que habla y entiende el inglés. Además tendrá que responder preguntas sobre historia estadounidense y civismo.

Los beneficios de naturalizarse

Ser ciudadano implica múltiples beneficios fiscales, sociales y legales, además del derecho al voto. Viajar con un pasaporte estadounidense trae recompensas a las que muchos inmigrantes no están acostumbrados: visitar muchos otros países sin solicitar visa de turismo y regresar a Estados Unidos pasando por un proceso de entrada fácil y rápido. Muchos inmigrantes pueden conservar la doble ciudadanía: la de su país de origen y la de éste que los adoptó.

* A la condición de ciudadano de Estados Unidos se llega por dos vías: por nacimiento o por naturalización.

Ser ciudadano por nacimiento significa que uno nació dentro del territorio de este país y su certificado de nacimiento constituye la prueba de ello. También lo será si nació en el extranjero, pero su padre y su madre son ciudadanos estadounidenses. En tal caso, el certificado de nacimiento debe registrarse en la embajada o consulado estadounidense en el país de nacimiento. Otra posibilidad es que su padre o su madre sean ciudadanos estadounidenses en el momento de su nacimiento en el extranjero y que el padre o madre estadounidense haya vivido en Estados Unidos antes del nacimiento del hijo(a) por lo menos cinco años, dos de los cuales después de alcanzar la edad de 14 años. Lo mismo se aplica cuando el niño(a) nacido(a) en el extranjero es adoptado(a) por un ciudadano estadounidense que se lo lleva a Estados Unidos.

Sin embargo, en la mayoría de los casos el inmigrante busca ser ciudadano por naturalización, es decir, adoptando la ciudadanía estadounidense. Para ello, deberá tener más de 18 años (presentar el Formulario N-400, *Application for Naturalization*); pero si es menor de esa edad puede hacerlo a través de sus padres (presentar el Formulario N-600, *Application for a Certificate of Citizenship*). Los hijos adoptados deberán utilizar un formulario diferente (Formulario N-643, *Application for a Certificate of Citizenship on Behalf of an Adopted Child*).

Si es mayor de 18 años y presenta el Formulario N-400, deberá cumplir los siguientes requisitos:

- Haber residido permanente y continuamente durante los últimos cinco años en Estados Unidos (esto quiere decir que durante esos cinco años no se ha ausentado más de un año seguido o en algunos casos seis meses), si está casado con súbdito americano por tres años.
- Haber estado físicamente en Estados Unidos como mínimo la mitad de esos cinco años.
- Haber sido una persona de buen carácter moral y no haber tenido circunstancias extraordinarias (la oficina calcula que el 90 % de los aspirantes entran en esta categoría). El haber cometido ciertos delitos puede ser causa de deportación y en ciertas circunstancias puede afectar a su solicitud de naturalización. Por ello le aconsejamos que le asesore un abogado especializado en inmigración.
- Si está casado(a), convive con un(a) ciudadano(a) estadounidense y ha sido residente permanente durante los últimos tres años, o bien si su cónyuge ha sido ciudadano durante los últimos tres y han vivido en unión marital durante ese tiempo.
- Si usted forma o formó parte de las Fuerzas Armadas de Estados Unidos o si estuvo casado(a) con un(a) ciudadano(a) que murió cuando servía a su país. O si ha sido contratado para trabajar con el gobierno de este país.

Estas categorías y otras más están sujetas a condiciones que puede consultar en:

 http://uscis.gov/graphics/ services/natz/index.htm

Para más información sobre formularios y procedimientos, visite:

 http://uscis.gov/graphics/service s/natz/howapply.htm

Una vez que usted reúna todos los requisitos y obtenga los formularios correspondientes, envíelos por correo certificado con acuse de recibo a la oficina regional correspondiente al lugar donde viva.

Para encontrar la oficina correspondiente, visite:

http://uscis.gov/graphics/service s/natz/statemap.htm

Junto con sus documentos deberá enviar el pago correspondiente, el importe del cual sabrá cuando obtenga la solicitud. En el momento de imprimir este libro era de $260 más el costo de las huellas dactilares.

Envíe un giro postal (*money order*) expedido por un banco de Estados Unidos y en dólares, junto con todos los documentos, a nombre de USCIS (*US Citizenship and Immigration Services*). La oficina también acepta cheques personales y de caja (*cashier checks*). Este dinero no es reembolsable, ni siquiera si retira la solicitud o si se le niega la ciudadanía.

Cuando la oficina reciba su solicitud, le notificará el lugar donde le tomarán las huellas dactilares.

A partir de entonces tendrá que esperar un tiempo para alcanzar finalmente la ciudadanía. En el año 2001, el promedio, según la oficina, era de entre seis y nueve meses. Antes de esa fecha se hablaba de unos dos años.

Para saber cómo va su solicitud, puede llamar al 1-800-375-5283 donde lo atenderán en inglés o español.

Si tiene el número de recibo de su solicitud, puede visitar:

https://egov.immigration.gov/cris/ jsps/index.jsp

Si durante el proceso para obtener la ciudadanía cambia de dirección, debe notificarlo en un plazo máximo de 10 días luego de efectuarse dicho cambio. Para ello, llene y envíe el Formulario AR-11. Esto no tiene costo y puede hacerlo también llamando al 1-800-375-5283 (marque el 2 para español) o visite:

 http://uscis.gov/graphics/services/ ncsc.htm#ChangeofAddress

Si lo hace por escrito, envíelo por correo certificado con acuse de recibo.

La entrevista

Una vez que la documentación haya sido procesada se le citará para una entrevista. En ella, un oficial revisará sus papeles y, si es el caso, le pedirá documentos adicionales. Entonces, procederá a tomarle el examen de inglés y civismo. Luego, le pedirá que conteste algunas preguntas sobre su solicitud y antecedentes, y finalmente le comunicarán la decisión o bien se le notificará dentro de los siguientes 120 días.

Recuerde que Servicios de Ciudadanía e Inmigración de Estados Unidos, USCIS, está en un proceso de reestructuración, por lo tanto estos requisitos, tiempo y costos pueden variar. El USCIS planea implantar un nuevo examen estandarizado a partir del año 2005. En el mes de septiembre de 2001 se decidió revisar los procedimientos del examen con el fin de asegurarse de que fuera uniforme, justo, eficiente, seguro y se centrara en el solicitante. Esto se realizará en dos fases o pruebas piloto.

La primera, impartida en junio de 2003, tenía el objetivo de revisar la prueba de inglés. Para ello se contó con la participación de más de 4.900 personas en seis ciudades distintas. Al final de la entrevista tradicional, se les pidió a los solicitantes tomar el nuevo examen, cuyo resultado en nada afectaría el resultado final.

El 85 % aceptaron tomar el examen piloto.

La segunda prueba piloto comenzará durante la segunda mitad del 2004 y consistirá en un examen sobre inglés, historia y gobierno de Estados Unidos. Los solicitantes que no aprueben el examen piloto tendrán la oportunidad de presentar el examen tradicional durante su entrevista.

Como el examen tradicional sigue vigente, procederemos a explicarle en qué consiste. Las preguntas de historia son muy generales: cómo se formó esta nación, qué significa la bandera, cuáles fueron los estados originales, fechas importantes en la historia de Estados Unidos, la Constitución, el gobierno federal, los poderes ejecutivo y judicial, nombres de los presidentes, etc., y preguntas básicas de geografía. En su biblioteca local, en la escuela donde está aprendiendo inglés o lo están preparando para el examen, o por medio de amigos podrá conseguir libros y/o folletos que lo ayudarán a prepararse. Para obtener más información sobre el procedimiento y hasta un examen de práctica, visite:

 http://uscis.gov/graphics/ services/natz/require.htm

En ese mismo sitio web encontrará la siguiente lista de ejemplos de las preguntas básicas y sus respuestas:

1. *What are the colors of our flag?*
   (¿Cuáles son los colores de nuestra bandera?)
2. *How many stars are there in our flag?*
   (¿Cuántas estrellas hay en nuestra bandera?)
3. *What color are the stars on our flag?*
   (¿De qué color son las estrellas de nuestra bandera?)
4. *What do the stars on the flag mean?*
   (¿Qué significado tienen las estrellas de la bandera?)
5. *How many stripes are there in the flag?*
   (¿Cuántas franjas hay en la bandera?)

6. *What color are the stripes?*
   (¿De qué color son las franjas?)
7. *What do the stripes on the flag mean?*
   (¿Qué significado tienen las franjas de la bandera?)
8. *How many states are there in the Union?*
   (¿Cuántos estados hay en la Unión?)
9. *What is the 4th of July?*
   (¿Qué es el 4 de Julio?)
10. *What is the date of Independence Day?*
    (¿Cuál es la fecha del Día de la Independencia?)
11. *Independence from whom?*
    (¿Independencia de quién?)
12. *What country did we fight during the Revolutionary War?*
    (¿Contra qué país se luchó durante la Guerra
    de Independencia?)
13. *Who was the first President of the United States?*
    (¿Quién fue el primer presidente de Estados Unidos?)
14. *Who is the President of the United States today?*
    (¿Quién es el actual presidente de Estados Unidos?)
15. *Who is the Vice-President of the United States today?*
    (¿Quién es el actual vicepresidente de Estados
    Unidos?)
16. *Who elects the President of the United States?*
    (¿Quién elige al presidente de Estados Unidos?)
17. *Who becomes President of the United States if the
    President should die?*
    (¿Quién se convierte en presidente de Estados Unidos
    si el presidente muere?)
18. *For how long do we elect the President?*
    (¿Por cuánto tiempo se elige al presidente?)
19. *What is the Constitution?*
    (¿Qué es la Constitución?)
20. *Can the Constitution be changed?*
    (¿Se puede cambiar la Constitución?)
21. *What do we call a change to the Constitution?*

(¿Cómo se llaman los cambios de la Constitución?)
22. *How many changes or Amendments are there to the Constitution?*
(¿Cuántos cambios o Enmiendas hay en la Constitución?)
23. *How many branches are there in our Government?*
(¿Cuántos poderes hay en nuestro gobierno?)
24. *What are the three branches of our Government?*
(¿Cuáles son los tres poderes de nuestro gobierno?)
25. *What is the legislative branch of our Government?*
(¿Cuál es el poder legislativo de nuestro gobierno?)
26. *Who makes the laws in the United States?*
(¿Quién promulga las leyes en Estados Unidos?)
27. *What is Congress?*
(¿Qué es el Congreso?)
28. *What are the duties of Congress?*
(¿Cuáles son las funciones del Congreso?)
29. *Who elects Congress?*
(¿Quién elige al Congreso?)
30. *How many senators are there in Congress?*
(¿Cuántos senadores hay en el Congreso?)
31. *Can you name the two senators from your state?*
(¿Podría nombrar los dos senadores de su estado?)
32. *For how long do we elect each senator?*
(¿Por cuánto tiempo se elige a cada senador?)
33. *How many representatives are there in congress?*
(¿Cuántos representantes hay en el Congreso?)
34. *For how long do we elect the representatives?*
(¿Por cuánto tiempo se elige a los representantes?)
35. *What is the executive branch of our Government?*
(¿Cuál es el poder ejecutivo de nuestro gobierno?)
36. *What is the judiciary branch of our Government?*
(¿Cuál es el poder judicial de nuestro gobierno?)
37. *What are the duties of the Supreme Court?*
(¿Cuáles son las funciones de la Corte Suprema?)

38. *What is the Supreme Law of the United States?*
    (¿Cuál es la Ley Suprema de Estados Unidos?)

39. *What is the Bill of Rights?*
    (¿Qué es la Declaración de Derechos?)

40. *What is the Capital of your state?*
    (¿Cuál es la capital de su estado?)

41. *Who is the current governor of your state?*
    (¿Quién es el actual gobernador de su estado?)

42. *Who becomes President of the United States if the*
    President and the Vice-President Should die?
    (¿Quién se convierte en presidente de Estados Unidos
    si el presidente y el vicepresidente mueren?)

43. *Who is the Chief Justice of the Supreme Court?*
    (¿Quién es el presidente de la Corte Suprema?)

44. *Can you name the thirteen original states?*
    (¿Puede nombrar los trece estados originales?)

45. *Who said, "Give me liberty or give me death"?*
    (¿Quién dijo: "Denme libertad o denme la muerte"?)

46. *Which countries were our enemies during World War II?*
    (¿Qué países fueron nuestros enemigos durante la
    Segunda Guerra Mundial?)

47. *What are the 49th and 50th states of the Union?*
    (¿Cuáles son los estados 49 y 50 de la Unión?)

48. *How many terms can a president serve?*
    (¿Por cuántos períodos puede gobernar un
    presidente?)

49. *Who was Martin Luther King, Jr.?*
    (¿Quién era Martin Luther King, Jr.?)

50. *Who is the head of your local government?*
    (¿Quién encabeza su gobierno local?)

51. *According to the Constitution, a person must meet certain*
    requirements in order to be eligible to become President.
    Name one of these requirements.
    (Según la Constitución, una persona debe cumplir
    ciertos requisitos para ser presidente. Nombre uno.)

52. *Why are there 100 senators in the Senate?*
(¿Por qué hay 100 senadores en el Senado?)
53. *Who selects the Supreme Court Justices?*
(¿Quién selecciona a los Magistrados de la Corte Suprema?)
54. *How many Supreme Court Justices are there?*
(¿Cuántos Magistrados hay en la Corte Suprema?)
55. *Why did the pilgrims come to America?*
(¿Por qué vinieron los peregrinos a Estados Unidos?)
56. *What is the head executive of a state government called?*
(¿Cómo se llama el más alto funcionario de un estado?)
57. *What is the head executive of a city government called?*
(¿Cómo se llama el más alto funcionario de una ciudad?)
58. *What holiday was celebrated for the first time by the american colonists?*
(¿Qué fiesta celebraron por primera vez los colonos americanos?)
59. *Who was the main writer of the Declaration of Independence?*
(¿Quién fue el redactor principal de la Declaración de Independencia?)
60. *When was the Declaration of Independence adopted?*
(¿Cuándo se adoptó la Declaración de Independencia?)
61. *What is the basic belief of the Declaration of Independence?*
(¿Cuál es la creencia básica de la Declaración de Independencia?)
62. *What is the national anthem of the United States?*
(¿Cual es el himno nacional de Estados Unidos?)
63. *Who wrote the Star-Spangled Banner?*
(¿Quién escribió la obra *Star-Spangled Banner*?)
64. *Where does freedom of speech come from?*
(¿Cuál es el origen de la libertad de expresión?)
65. *What is the minimum voting age in the United States?*

(¿Cuál es la edad mínima para votar en Estados Unidos?)

66. *Who signs bills into law?*
(¿Quién firma los proyectos de ley para convertirlos en leyes?)

67. *What is the highest court in the United States?*
(¿Cuál es la corte más alta en Estados Unidos?)

68. *Who was the President during the Civil War?*
(¿Quién fue el Presidente durante la Guerra Civil?)

69. *What did the Emancipation Proclamation do?*
(¿Qué logró la Proclamación de Emancipación?)

70. *What special group advises the President?*
(¿Qué grupo especial aconseja al presidente?)

71. *Which president is called the "Father of our Country"?*
(¿A qué presidente se llamó el "Padre de nuestra patria"?)

72. *What immigration and naturalization service form is used to apply to Become a naturalized citizen?*
(¿Qué formulario es el que se utiliza para solicitar y convertirse en ciudadano naturalizado?)

73. *Who helped the pilgrims in America?*
(¿Quién ayudó a los peregrinos en América?)

74. *What is the name of the ship that brought the pilgrims to America?*
(¿Cómo se llamaba el barco que trajo a los peregrinos a América?)

75. *What were the 13 original states of the United States called?*
(¿Cómo se llamaban los 13 estados originales de Estados Unidos?)

76. *Name three rights or freedoms guaranteed by the bill of rights.*
(Nombre tres derechos o libertades garantizados por la Declaración de Derechos.)

77. *Who has the power to declare war?*
(¿Quién tiene el poder de declarar la guerra?)

78. *What kind of government does the United States have?*
(¿Qué tipo de gobierno tiene Estados Unidos?)

79. *Which president freed the slaves?*
(¿Qué Presidente liberó a los esclavos?)

80. *In what year was the Constitution written?*
(¿En qué año se redactó la Constitución?)

81. *What are the first 10 amendments to the Constitution called?*
(¿Cómo se llaman las diez primeras Enmiendas de la Constitución?)

82. *Name one purpose of the United Nations.*
(Nombre uno de los propósitos de las Naciones Unidas.)

83. *Where does Congress meet?*
(¿Dónde se reúne el Congreso?)

84. *Whose rights are guaranteed by the Constitution and the Bill of Rights?*
(¿A quién se le garantizan los derechos en la Constitución y en la Declaración de Derechos?)

85. *What is the introduction to the constitution called?*
(¿Cómo se llama la introducción de la Constitución?)

86. *Name one benefit of being a citizen of the United States.*
(Nombre uno de los beneficios de ser ciudadano de Estados Unidos.)

87. *What is the most important right granted to U.S. citizens?*
(¿Cuál es el derecho más importante que tienen los ciudadanos de Estados Unidos?)

88. *What is the United States Capitol?*
(¿Qué es el Capitolio de Estados Unidos?)

89. *What is the White House?*
(¿Qué es la Casa Blanca?)

90. *Where is the White House located?*
(¿Dónde está ubicada la Casa Blanca?)

91. *What is the name of the President's official home?*
(¿Cuál es el nombre oficial de la residencia del presidente?)

92. *Name one right guaranteed by the First Amendment.*
     (Mencione un derecho garantizado por la Primera
     Enmienda.)

93. *Who is the commander in chief of the U.S. Military?*
     (¿Quién es el comandante en jefe de las Fuerzas
     Armadas de Estados Unidos?)

94. *Which president was the first commander in chief of the
     U.S. Military?*
     (¿Quién fue el primer presidente en ser comandante
     en jefe de las Fuerzas Armadas?)

95. *In what month do we vote for the president?*
     (¿En qué mes se vota para elegir presidente?)

96. *In what month is the new president inaugurated?*
     (¿En qué mes toma posesión del cargo el nuevo
     presidente?)

97. *How many times may a senator be re-elected?*
     (¿Cuántas veces se puede reelegir a un senador?)

98. *How many times may a congressman be re-elected?*
     (¿Cuántas veces se puede reelegir a un congresista?)

99. *What are the two major political parties in the U.S.
     today?*
     (¿Cuáles son los dos partidos políticos mayoritarios
     en Estados Unidos actualmente?)

100. *How many states are there in the United States?*
     (¿Cuántos estados hay en Estados Unidos?)

Respuestas

1. *Red, white, and blue*
    (Rojo, blanco y azul)
2. 50
3. *White*
    (Blanco)
4. *One for each state in the Union*
    (Uno por cada estado de la Unión)

5.   13
6.   *Red and white*
        (Rojo y blanco)
7.   *They represent the original 13 states*
        (Representan los 13 estados originales)
8.   50
9.   *Independence Day*
        (Día de la Independencia)
10.   *July 4th*
        (4 de julio)
11.   *England*
        (Inglaterra)
12.   *England*
        (Inglaterra)
13.   George Washington
14.   George W. Bush
15.   Dick Cheney
16.   *The Electoral College*
        (El Colegio Electoral)
17.   *Vice President*
        (Vicepresidente)
18.   *Four years*
        (Cuatro años)
19.   *The Supreme Law of the land*
        (La Ley Suprema de la nación)
20.   *Yes* (Sí)
21.   *Amendments*
        (Enmiendas)
22.   27
23.   *Three* (3)
24.   *Legislative, Executive, and Judiciary*
        (Legislativo, ejecutivo y judicial)
25.   *Congress*
        (Congreso)
26.   *Congress*

(Congreso)

27. *The Senate and the House of Representatives*
(El Senado y la Cámara de Representantes)

28. *To make laws*
(Redactar las leyes)

29. *The people*
(El pueblo)

30. 100

31. (*Insert local information*)
(inserte la información local)

32. *Six years*
(Seis años)

33. 435

34. *Two years*
(Dos años)

35. *The president, Cabinet and Departments under the Cabinet members*
(El Presidente, el Gabinete y los Departamentos bajo los miembros del Gabinete)

36. *The Supreme Court*
(La Corte Suprema)

37. *To interpret laws*
(Interpretar las leyes)

38. *The Constitution*
(La Constitución)

39. *The first 10 Amendments of the Constitution*
(Las primeras diez Enmiendas de la Constitución)

40. (*Insert local information*)
(Inserte la información local)

41. (*Insert local information*)
(Inserte la información local)

42. *Speaker of the House of Representatives*
(El Presidente de la Cámara de Representantes)

43. William Rehnquist

44. Connecticut, New Hampshire, New York, New Jersey,

Massachusetts, Pennsylvania, Delaware, Virginia, North Carolina, South Carolina, Georgia, Rhode Island, Maryland

45. Patrick Henry
46. *Germany, Italy, and Japan*
(Alemania, Italia y Japón)
47. Hawaii y Alaska
48. *Two* (2)
49. *A civil rights leader*
(Un líder de los derechos civiles)
50. *(Insert local information)*
(Inserte la información local)
51. *Must be a natural born citizen of the United States; must be at least 35 years old by the time he/she will serve; must have lived in the United States for at least 14 years*
(Debe haber nacido en Estados Unidos, tener por lo menos 35 años de edad para el momento en que servirá al país y haber vivido en Estados Unidos por lo menos 14 años)
52. *Two (2) from each state*
(Dos por cada estado)
53. *Appointed by the President*
(Nombrado por el presidente)
54. *Nine* (9)
55. *For religious freedom*
(Por la libertad de credo)
56. *Governor*
(Gobernador)
57. *Mayor*
(Alcalde)
58. *Thanksgiving*
(Día de Acción de Gracias)
59. Thomas Jefferson
60. *July 4, 1776*
(4 de julio de 1776)

61. *That all men are created equal*
    (Que todos los hombres han sido creados iguales)
62. *The Star-Spangled Banner*
63. Francis Scott Key
64. *The Bill of Rights*
    (La Declaración de Derechos)
65. *Eighteen (18)*
    (Dieciocho)
66. *The President*
    (El Presidente)
67. *The Supreme Court*
    (La Corte Suprema)
68. Abraham Lincoln
69. *Freed many slaves*
    (Liberó a muchos esclavos)
70. *The Cabinet*
    (El Gabinete)
71. George Washington
72. *Form N-400, "Application to file petition for naturalization"* (Formulario N-400)
73. *The American indians (native americans)*
    (Los indígenas americanos)
74. The Mayflower
75. *Colonies*
    (Colonias)
76. *(a) The right of freedom of speech, press, religion, peaceable peaceable assembly and requesting change of government.*
    (Libertad de expresión, prensa, credo, reunión pacífica y solicitar un cambio de gobierno)
    (b) the right to bear arms (the right to have weapons or own a gun, though subject to certain regulations.)
    (Derecho a portar armas. El derecho de poseer armas, aunque está sujeto a ciertas restricciones.)
    (c) the government may not quarter, or house, soldiers in the people's homes during peacetime without the

people's consent. (El gobierno no puede acuartelar ni hospedar soldados en casas de civiles durante tiempo de paz sin el consentimiento de los civiles.)

(d) the government may not search or take a person's property without a warrant.
(El gobierno no registrará ni confiscará propiedades de una persona sin una orden judicial.)

(e) a person may not be tried twice for the same crime and does not have to testify against himself.
(Una persona no puede ser juzgada dos veces por el mismo crimen y no tiene que testificar contra sí misma.)

(f) a person charged with a crime still has some rights, such as the right to a trial and to have a lawyer.
(Una persona acusada de un delito tiene algunos derechos, como el derecho a un juicio y a un abogado.)

(g) the right to trial by jury in most cases.
(Derecho a un juicio con jurado en la mayoría de los casos)

(h) protects people against excessive or unreasonable fines or cruel and unusual punishment.
(Proteger a las personas de multas excesivas o irrazonables o contra castigos crueles o inusitados.)

(L) the people have rights other than those mentioned in the Constitution. Any power not given to the federal government by the constitution is a power of either the state or the people.
(Las personas tienen otros derechos además de los mencionados en la Constitución. Cualquier poder que la Constitución no otorgue al gobierno federal cae bajo la jurisdicción ya sea del estado, ya de las personas.)

77. *The Congress*
(El Congreso)
78. *Republican*
(Republicano)
79. Abraham Lincoln

80.   1787

81.   *The Bill of Rights*
(La Declaración de Derechos)

82.   *For countries to discuss and try to resolve world problems;
to provide Economic aid to many countries.*
(Que los países discutan y traten de resolver los problemas mundiales y proveer ayuda económica a muchos países.)

83.   *In the Capitol in Washington, D.C.*
(En el Capitolio, en Washington, D.C.)

84.   *Everyone (citizens and non-citizens living in the U.S.)*
(Todos, ciudadanos y no ciudadanos que viven en Estados Unidos)

85.   *The preamble*
(El Preámbulo)

86.   *Obtain federal government jobs; travel with a U.S. passport;
petition for close relatives to come to the U.S. to live*
(Acceder a trabajos gubernamentales, viajar con pasaporte estadounidense, reclamar a un familiar en el extranjero para que venga a vivir a este país)

87.   *The right to vote*
(El derecho al voto)

88.   *The place where Congress meets*
(El lugar donde se reúne el Congreso)

89.   *The Presidents official home*
(La residencia oficial del presidente)

90.   *Washington, D.C. (1600 Pennsylvania Avenue, NW)*

91.   *The White House*
(La Casa Blanca)

92.   *Freedom of: speech, press, religion, peaceable assembly,
and requesting change of the government*
(Libertad de expresión, prensa, credo, reunión pacífica y solicitar un cambio de gobierno)

93.   *The president*
(El presidente)

94. George Washington
95. *November*
     (Noviembre)
96. *January*
     (Enero)
97. *There is no limit*
     (No hay límite)
98. *There is no limit*
     (No hay límite)
99. Democratic and Republican
     (Demócrata y Republicano)
100. *Fifty (50)*

Obtener la ciudadanía estadounidense es un meta anhelada por los inmigrantes. Llegue puntual, vaya bien vestido y con toda la documentación pertinente. Antes de enviar el paquete de solicitudes y documentos, sáqueles fotocopias y llévelas consigo a la entrevista.

Conteste cortésmente las preguntas, y si hay algo que no entienda, no tema preguntar nuevamente. Recuerde que si lo desea puede ir acompañado de un abogado especializado en temas de inmigración.

Por nada del mundo falte a la entrevista, pero si hay motivos muy graves que le impidan presentarse, envíe una carta certificada con acuse de recibo (y así tiene constancia del envío y recepción) antes del día de la entrevista, a la oficina correspondiente, solicitando que le den una nueva cita. Sin embargo, tenga en cuenta que así alargará varios meses el proceso.

Si a última hora no puede asistir debido a una emergencia, llame al siguiente número y pida una nueva cita:

1-800-375-5283
(marque el 2 para español)

El centro de llamadas se pondrá en contacto con la oficina local, donde decidirán si darle una nueva cita. Si usted no asiste a la cita y no avisa, su caso quedará administrativamente cerrado. Y, a menos que usted se comunique con la oficina durante el año a partir de esa fecha, su caso quedará definitivamente cerrado.

Excepciones al examen

Ya hemos visto pues que los aspirantes a convertirse en ciudadanos estadounidenses deben demostrar un conocimiento básico de la historia y de los principios y forma de su gobierno. Sin embargo, esta regla no es para todos. Aquellas personas mayores de 65 años que hayan entrado legalmente al país y hayan residido aquí durante por lo menos 20 años, gozan de una "consideración especial" (*special consideration*). Ésta consiste en que estarán exentos del examen de inglés, y deberán contestar acertadamente, en el idioma de su preferencia, seis de diez preguntas que se les formularán. Para más información, visite:

 http://www.uscis.gov/graphics/se rvices/natz/6520q.pdf

Si lo aprobaron...

Si todo salió bien en su entrevista, se convertirá en ciudadano tan pronto como haga el juramento. En algunos lugares, podrá hacerlo cuando termine la entrevista. En otros, lo citarán a través del Formulario N-445 para una ceremonia con otros nuevos ciudadanos. Éste es un momento emocionante en el que hará su juramento y le entregarán su certificado de naturalización. Es muy importante que lo lea cuidadosamente para asegurarse de que no se haya cometido ningún error.

Si no puede asistir a la ceremonia, devuelva la notificación (Formulario N-445) a la oficina que se la envió adjuntando una carta explicando por qué no puede asistir. Envíe todo por correo certificado con acuse de recibo. Saque copia del formulario y la carta para sus archivos. La oficina le enviará una nueva citación.

Si no lo aprobaron...

Si las cosas no salieron como usted esperaba y le niegan la solicitud para convertirse en ciudadano, tendrá la opción de someterla a una revisión administrativa. Si cree que la decisión es injusta, puede pedir una audiencia ante un oficial de la oficina. La carta que notifica que la solicitud le ha sido denegada explica qué opciones tiene para apelar.

En muchos casos, puede volver a solicitar la naturalización después de que se la hayan denegado. Para ello tendrá que enviar nuevamente todas las solicitudes, documentos y pagos correspondientes, incluidas nuevas fotografías y huellas dactilares.

Si la primera vez su solicitud fue denegada, en la carta que le envíen le dirán cuándo puede volver a solicitar la naturalización.

Si se la denegaron porque no pasó el examen de inglés y de civismo, puede volver a presentar su solicitud tan pronto como quiera.

Usted ya es ciudadano

Una vez que obtenga la ciudadanía, cuide su certificado de naturalización, ya que lo tendrá que presentar para obtener otros documentos, como el pasaporte. Si se le llegara a perder, solicite una copia llenando el Formulario N-565, *Application for Replacement Naturalization/Citizenship Document*, que puede descargar de Internet o solicitar llamando al 1-800-870-3676, y envíelo con el pago correspondiente a su oficina local.

El servicio militar

El servicio militar no es obligatorio en Estados Unidos, lo que sí es obligatorio es registrarse en el Servicio Selectivo. Si no lo hace, se considerará una falta grave con multa máxima de $250,000 y prisión hasta de cinco años o ambas. Se deben inscribir los hombres de entre 18 y 25 años de edad.

El gobierno de Estados Unidos, a través del Servicio Selectivo del Registro (*Selective Service*), mantiene una lista de los hombres que podrían ser llamados a prestar servicio militar en el caso de una emergencia nacional que requiriera la rápida expansión de sus fuerzas armadas. Al registrar a todos los hombres con la edad exigida, se asegura que el alistamiento militar sea justo e igualitario.

La ley federal exige que los hombres de entre 18 y 25 años se inscriban en el Servicio Selectivo, incluidos los nacidos en este país, los ciudadanos nacionalizados, los residentes permanentes, algunos trabajadores agrícolas, refugiados, asilados, *parolees* e incluso si usted está ilegalmente en el país. El no registrarse puede determinar que no reúna los requisitos para ciertos beneficios migratorios, como la ciudadanía.

No necesitan inscribirse los hombres no inmigrantes, que se hallen temporalmente en Estados Unidos. Las mujeres, tampoco. El sitio web del Servicio Selectivo también está en español.

Servicio Selectivo, Oficina de Información
Selective Service System Data Management Center

1-847-688-6888
marque el 2
para español

Selective Service System
Data Management Center
P.O. Box 94638
Palatine, IL 60094-4638

www.sss.gov/inslink.htm

Dónde tramitar la ciudadanía

Según el estado en que viva, tendrá que enviar el Formulario N-400 y demás documentos pertinentes a una oficina específica. A continuación transcribimos el listado que aparece en el sitio web del USCIS. Debido a posibles cambios, le recomendamos que antes de enviar cualquier documento, verifique que la dirección sea la correcta, en:

 http://uscis.gov/graphics/services /natz/statemap.htm

 1-800-375-5283
(marque el 2 para español)

Si reside en:	Deberá enviar los documentos a:	Si reside en:	Deberá enviar los documentos a:
Alabama	USINS Texas Service Center Attention N-400 Unit P.O. Box 851204 Mesquite, TX 75185-1204	Colorado	USINS Nebraska Service Center Attention N-400 Unit P.O. Box 87400 Lincoln, NE 68501-7400
Alaska	USINS Nebraska Service Center Attention N-400 Unit P.O. Box 87400 Lincoln, NE 68501-7400	Connecticut	USINS Vermont Service Center Attention N-400 Unit 75 Lower Weldon Street St. Albans, VT 05479-0001
Arizona	USINS California Service Center Attention N-400 Unit P.O. Box 10400 Laguna Niguel, CA 92607-0400	Delaware	USINS Vermont Service Center Attention N-400 Unit 75 Lower Weldon Street St. Albans, VT 05479-0001
Arkansas	USINS Texas Service Center Attention N-400 Unit P.O. Box 851204 Mesquite, TX 75185-1204	Florida	USINS Texas Service Center Attention N-400 Unit P.O. Box 851204 Mesquite, TX 75185-1204
California	USINS California Service Center Attention N-400 Unit P.O. Box 10400 Laguna Niguel, CA 92607-0400	Georgia	USINS Texas Service Center Attention N-400 Unit P.O. Box 851204 Mesquite, TX 75185-1204

Si reside en:	Deberá enviar los documentos a:	Si reside en:	Deberá enviar los documentos a:
Guam	USINS California Service Center Attention N-400 Unit P.O. Box 10400 Laguna Niguel, CA 92607-0400	Massachusetts	USINS Vermont Service Center Attention N-400 Unit 75 Lower Weldon Street St. Albans, VT 05479-0001
Hawaii	USINS California Service Center Attention N-400 Unit P.O. Box 10400 Laguna Niguel, CA 92607-0400	Michigan	USINS Nebraska Service Center Attention N-400 Unit P.O. Box 87400 Lincoln, NE 68501-7400
Idaho	USINS Nebraska Service Center Attention N-400 Unit P.O. Box 87400 Lincoln, NE 68501-7400	Minnesota	USINS Nebraska Service Center Attention N-400 Unit P.O. Box 87400 Lincoln, NE 68501-7400
Illinois	USINS Nebraska Service Center Attention N-400 Unit P.O. Box 87400 Lincoln, NE 68501-7400	Mississippi	USINS Texas Service Center Attention N-400 Unit P.O. Box 851204 Mesquite, TX 75185-1204
Indiana	USINS Nebraska Service Center Attention N-400 Unit P.O. Box 87400 Lincoln, NE 68501-7400	Missouri	USINS Nebraska Service Center Attention N-400 Unit P.O. Box 87400 Lincoln, NE 68501-7400
Iowa	USINS Nebraska Service Center Attention N-400 Unit P.O. Box 87400 Lincoln, NE 68501-7400	Montana	USINS Nebraska Service Center Attention N-400 Unit P.O. Box 87400 Lincoln, NE 68501-7400
Kansas	USINS Nebraska Service Center Attention N-400 Unit P.O. Box 87400 Lincoln, NE 68501-7400	Nebraska	USINS Nebraska Service Center Attention N-400 Unit P.O. Box 87400 Lincoln, NE 68501-7400
Kentucky	USINS Texas Service Center Attention N-400 Unit P.O. Box 851204 Mesquite, TX 75185-1204	Nevada	USINS California Service Center Attention N-400 Unit P.O. Box 10400 Laguna Niguel, CA 92607-0400
Louisiana	USINS Texas Service Center Attention N-400 Unit P.O. Box 851204 Mesquite, TX 75185-1204	New Hampshire	USINS Vermont Service Center Attention N-400 Unit 75 Lower Weldon Street St. Albans, VT 05479-0001
Maine	USINS Vermont Service Center Attention N-400 Unit 75 Lower Weldon Street St. Albans, VT 05479-0001	New Jersey	USINS Vermont Service Center Attention N-400 Unit 75 Lower Weldon Street St. Albans, VT 05479-0001
Maryland	USINS Vermont Service Center Attention N-400 Unit 75 Lower Weldon Street St. Albans, VT 05479-0001	New Mexico	USINS Texas Service Center Attention N-400 Unit P.O. Box 851204 Mesquite, TX 75185-1204

Si reside en:	Deberá enviar los documentos a:	Si reside en:	Deberá enviar los documentos a:
New York	USINS Vermont Service Center Attention N-400 Unit 75 Lower Weldon Street St. Albans, VT 05479-0001	Tennessee	USINS Texas Service Center Attention N-400 Unit P.O. Box 851204 Mesquite, TX 75185-1204
North Carolina	USINS Texas Service Center Attention N-400 Unit P.O. Box 851204 Mesquite, TX 75185-1204	Texas	USINS Texas Service Center Attention N-400 Unit P.O. Box 851204 Mesquite, TX 75185-1204
North Dakota	USINS Nebraska Service Center Attention N-400 Unit P.O. Box 87400 Lincoln, NE 68501-7400	Utah	USINS Nebraska Service Center Attention N-400 Unit P.O. Box 87400 Lincoln, NE 68501-7400
Ohio	USINS Nebraska Service Center Attention N-400 Unit P.O. Box 87400 Lincoln, NE 68501-7400	Vermont	USINS Vermont Service Center Attention N-400 Unit 75 Lower Weldon Street St. Albans, VT 05479-0001
Oklahoma	USINS Texas Service Center Attention N-400 Unit P.O. Box 851204 Mesquite, TX 75185-1204	Virginia	USINS Vermont Service Center Attention N-400 Unit 75 Lower Weldon Street St. Albans, VT 05479-0001
Oregon	USINS Nebraska Service Center Attention N-400 Unit P.O. Box 87400 Lincoln, NE 68501-7400	Virgin Islands	USINS Vermont Service Center Attention N-400 Unit 75 Lower Weldon Street St. Albans, VT 05479-0001
Pennsylvania	USINS Vermont Service Center Attention N-400 Unit 75 Lower Weldon Street St. Albans, VT 05479-0001	Washington	USINS Nebraska Service Center Attention N-400 Unit P.O. Box 87400 Lincoln, NE 68501-7400
Puerto Rico	USINS Vermont Service Center Attention N-400 Unit 75 Lower Weldon Street St. Albans, VT 05479-0001	Washington D.C.	USINS Vermont Service Center Attention N-400 Unit 75 Lower Weldon Street St. Albans, VT 05479-0001
Rhode Island	USINS Vermont Service Center Attention N-400 Unit 75 Lower Weldon Street St. Albans, VT 05479-0001	West Virginia	USINS Vermont Service Center Attention N-400 Unit 75 Lower Weldon Street St. Albans, VT 05479-0001
South Carolina	USINS Texas Service Center Attention N-400 Unit P.O. Box 851204 Mesquite, TX 75185-1204	Wisconsin	USINS Nebraska Service Center Attention N-400 Unit P.O. Box 87400 Lincoln, NE 68501-7400
South Dakota	USINS Nebraska Service Center Attention N-400 Unit P.O. Box 87400 Lincoln, NE 68501-7400	Wyoming	USINS Nebraska Service Center Attention N-400 Unit P.O. Box 87400 Lincoln, NE 68501-7400

Glosario

American citizens: Ciudadanos estadounidenses.

Application fee: Costo de presentar una solicitud.

Background check: Antecedentes.

Border: Frontera.

Certificate of Citizenship: Certificado de ciudadanía.

Citizenship: Ciudadanía.

Conditional resident: Residente condicional (cónyuge de ciudadanos o de inversionistas).

Country of Last Residence: País donde residía en el extranjero antes de llegar a Estados Unidos.

Country of Birth: País de nacimiento.

Country of Citizenship: País de nacimiento o naturalización (si tiene ciudadanía de un país distinto del que nació).

Country of Former Allegiance: El país de ciudadanía anterior de un ciudadano estadounidense naturalizado.

Country of Nationality: País de nacionalidad.

Date of adjustment: Fecha de ajuste (de estatus).

Deny: Denegación.

Deportable Alien: Extranjero deportable.

Failed the English or civics test: Reprobó el examen de inglés o de civismo.

Fiscal year: Año fiscal que comienza el 1 de octubre y termina el 30 de septiembre.

Fraud: Fraude.

Good moral character: Buena conducta moral.

Hearing with an immigration officer: Audiencia con un empleado de los Servicios de Ciudadanía e Inmigración de Estados Unidos.

Immigration judge: Juez de inmigración.

Inadmissible: Persona que no cumple los requisitos para ser admitida en territorio estadounidense.

Labor Certification: Certificación laboral.

Naturalization: Naturalización, adquirir la ciudadanía.

Nonresident alien: Extranjero no residente en Estados Unidos.

Notify: Notificar, informar.

Oath Ceremony: Ceremonia de juramento.

Oath of Allegiance: Juramento a la Bandera.

Occupation: Empleo, profesión, manera en que se gana la vida.

Penalty fee: Multa.

Port of Entry: Punto de entrada a Estados Unidos.

Priority Date: Fecha tope en que se debe presentar la solicitud ante los Servicios de Ciudadanía e Inmigración de Estados Unidos.

Procedures: Procedimientos.

Reapply: Volver a solicitar.

Register: Inscribirse, registrarse.

Requirements: Requisitos.

Rescheduling: Concertar una nueva cita o entrevista.

Review: Revisión.

Sponsor: Patrocinador, por ejemplo un familiar o un empleador que respalda una solicitud de residencia en beneficio de otra.

Supporting documents: Documentos acreditativos, adicionales, que sustentan una solicitud.

En resumen...

Para adoptar la ciudadanía estadounidense deberá ser mayor de 18 años (presentar el Formulario N-400, *Application for Naturalization*). Si es menor de esa edad, puede hacerlo a través de sus padres.

Una vez que la documentación ha sido procesada se le citará para una entrevista. En ella, un oficial revisará sus papeles y, si es el caso, le pedirá documentos adicionales. Entonces, procederá a tomarle el examen de inglés y civismo.

El examen de historia básica consta de preguntas sobre cómo se formó esta nación, qué significa la bandera, cuáles fueron los estados originales, fechas importantes en la historia de Estados Unidos, la Constitución, el gobierno federal, los poderes Ejecutivo y Judicial, nombres de los presidentes, etc., y preguntas de geografía básica. En su biblioteca local, en la escuela donde está aprendiendo inglés y hasta en el sitio web del USCIS podrá encontrar una lista de ejemplos de preguntas para estudiar.

Si le niegan la solicitud para convertirse en ciudadano estadounidense, podrá someterla a una revisión administrativa. Si cree que la decisión es injusta, puede pedir una audiencia ante la oficina.

Una vez que obtenga la ciudadanía, cuide muy bien su certificado de naturalización, ya que lo tendrá que presentar para obtener otros documentos, como el pasaporte. Si se le llegara a perder, simplemente solicite una copia.

El servicio militar no es obligatorio en Estados Unidos, lo que sí es obligatorio es registrarse en el Servicio Selectivo. Si no lo hace, se considerará una falta grave con multa de hasta $250,000 y prisión de hasta cinco años o ambas. Se deben inscribir los hombres de entre 18 y 25 años.

Documentos

Si alguna vez alguien le solicita que le muestre su "ID" (pronunciado "ai-dí"), lo que le están pidiendo es un documento de identidad. En Estados Unidos hay varios documentos de identidad que debe obtener tan pronto como sea posible.

El más importante es quizás la tarjeta del Seguro Social, que se expide gratuitamente y más que una tarjeta es el número que lo identificará y que le servirá para obtener otros documentos, servicios sociales, etc. Sin embargo, la licencia de conducir o, si no conduce, la tarjeta de identificación, son verdaderamente las identificaciones que más va a necesitar.

En este capítulo encontrará información sobre cómo, dónde y por cuánto puede obtener esos documentos, así como el pasaporte estadounidense y copias de certificados de nacimiento, defunción, matrimonio y divorcio.

Tarjeta del Seguro Social

La tarjeta del Seguro Social (*Social Security*) es tal vez el más importante de los documentos que deben obtener los habitantes de este país. La tarjeta en sí no es un documento de identidad con foto, sino un sencillo trozo de cartulina azul con un número impreso: su número del Seguro Social. Este número es el que lo identificará para todo y con el cual podrá obtener otros documentos y beneficios sociales.

Para solicitar esta tarjeta del Seguro Social, primero que todo debe rellenar un formulario (Formulario SS-5, *Application for a Social Security Card*) que obtendrá llamando al 1-800-772-1213 o visitando la oficina del Seguro Social más cercana. Para encontrarla, busque en la guía telefónica o si tiene acceso a Internet, visite:

http://s00dace.ssa.gov/pro/fol/fol-home.html

También puede imprimir el formulario de la página web :

www.ssa.gov/online/ss-5.html

Una vez que haya completado el formulario, adjunte pruebas de su edad, identidad y estatus migratorio, por ejemplo:

- Licencia de conducir
- Carné de su empleador
- Carné de estudiante
- Certificado de matrimonio o divorcio
- Tarjeta de seguro médico (pero no la del Medicare)
- Carné militar

- Certificado de adopción
- Póliza de seguro de vida
- Pasaporte (Formulario I-797A)

El trámite es completamente gratis y puede realizarlo en persona en la oficina correspondiente.

Si no hay ningún inconveniente, recibirá su tarjeta del Seguro Social que, de acuerdo con sus circunstancias personales, será la que tiene la mayoría de la gente, con su nombre y números impresos, la cual le permite trabajar sin restricciones. Ésta es la que se expide a ciudadanos estadounidenses o extranjeros con permiso de trabajo aprobado por la Oficina de Ciudadanía y Servicios de Inmigración.

Existen otros dos tipos de tarjeta, una en la que dice *"not valid for employment"* (no es válida para trabajar), que se expide a personas admitidas legalmente que no tienen permiso de trabajo, pero que necesitan el número para recibir algún tipo de beneficio o servicio. En la otra dice *"valid for work only with INS (USCIS) authorization"*, que se expide a personas que son admitidas temporalmente en el país y tienen permiso para trabajar por el tiempo que fueron admitidas.

Cuide muy bien su tarjeta del Seguro Social. Llevarla consigo no le supone ninguna ventaja; en cambio, perderla puede acarrearle muchos problemas. Muy rara vez se la aceptarán como documento de identidad. Memorice el número, guárdela en un

Administración del Seguro Social
Social Security Administration

1-800-772-1213
(marque el 2 para español)

www.ssa.gov

Si pierde, daña, le roban la tarjeta del
seguro social o va a cambiar su nombre,
puede solicitar un duplicado completamente
gratis en una de las oficinas del Seguro
Social de su ciudad.

lugar seguro y preséntela cuando así se lo exijan, por ejemplo cuando va a empezar un trabajo nuevo.

Si la pierde, la daña, se la roban o va a cambiar su nombre, puede solicitar un duplicado completamente gratis en una de las oficinas del Seguro Social de su ciudad. Presente el Formulario SS-5, muestre pruebas de su identidad y de ciudadanía o residencia. Si el reemplazo se debe a un cambio de nombre (matrimonio o divorcio, por ejemplo), lleve uno o varios documentos que lo identifiquen tanto por su nombre anterior como por su nuevo nombre. Aunque cambie la tarjeta (y el nombre), el número seguirá siendo el mismo.

Es recomendable que, tan pronto como sea posible, obtenga una tarjeta del Seguro Social para sus hijos. Esto no es obligatorio, pero sí conveniente, sobre todo para reclamar a sus hijos como dependientes en su declaración de impuestos.

Cuide muy bien su tarjeta del Seguro Social. Llevarla consigo no le supone ninguna ventaja; en cambio, perderla puede acarrearle muchos problemas.

Tan pronto como sea posible, obtenga una tarjeta del Seguro Social para sus hijos. Esto no es obligatorio, pero sí conveniente, sobre todo para reclamar a sus hijos como dependientes en su declaración de impuestos.

Además, obtener el número es sólo el principio de muchos servicios de los que se podrá beneficiar en el futuro. El número también es necesario para abrir una cuenta bancaria, obtener atención médica y solicitar cualquier tipo de servicio gubernamental.

Éste es un trámite realmente sencillo. Puede pedir el número cuando solicite el certificado de nacimiento. Para ello, en el mismo hospital donde nació su bebé, cuando reúnen la información para expedir el certificado de nacimiento le preguntarán si desea obtener el número.

También puede pedir el número después, en una oficina local del Seguro Social. Deberá rellenar un formulario, y aportar pruebas de la edad, identidad y nacionalidad del niño(a) y pruebas de su identidad como padre.

La licencia de conducir

La licencia de conducir es el documento que más va a necesitar a diario. En Estados Unidos la licencia de conducir no se limita al permiso de conducir, sino que cada vez que deba presentar un documento de identidad, éste será el más apropiado. Le pedirán la licencia de conducir para realizar trámites variados, desde obtener una hipoteca o abrir una cuenta bancaria, hasta para verificar su identidad a la hora de pagar con su tarjeta de crédito o con un cheque mientras compra.

Si no conduce, entonces puede obtener una tarjeta de identificación, que es similar a la licencia de conducir pero obviamente no incluye el permiso de conducir.

> Recuerde que en los últimos tiempos los trámites y los requisitos han cambiado. Infórmese en la oficina local del *Driver Licenses Department* sobre qué es lo que necesitará en su caso personal.

El Departamento de Transporte de cada estado es el que expide las licencias de conducir y las tarjetas de identificación, por lo tanto los trámites pueden variar según el lugar donde viva. Lo mejor si desea obtener información más detallada es buscar en el directorio telefónico *Driver Licenses Department* y llamar a la oficina de su ciudad.

En general, para solicitar la licencia o la identificación, deberá presentar algunos de los siguientes documentos:

* Certificado de nacimiento, pasaporte estadounidense o certificado de naturalización.
* Un documento secundario que apoye al anterior: el carné de estudiante (con la fecha de nacimiento y la firma), certificado de bautizo (con la fecha de nacimiento y el lugar del bautizo), póliza de seguro de vida expedida por lo menos dos años antes y que muestre la fecha de nacimiento, carné de identificación militar, licencia de conducir de otro estado, vigente o no, certificado de matrimonio, tarjeta de votación y tarjeta del Seguro Social, por citar algunos.

Si usted no es ciudadano, deberá presentar una identificación que pruebe la fecha de nacimiento, número del Seguro Social (si lo tiene) y algún documento que demuestre que usted está legalmente en Estados Unidos:

- Tarjeta de residencia (también conocida como *Alien Registration* o *Green Card*) o el Formulario I-551 estampado en el pasaporte o el Formulario I-94.

Si no reside en este país, está de paso y necesita una licencia de conducir o tarjeta de identificación, deberá presentar:

- Permiso de trabajo, si lo tiene.
- Prueba de la clasificación de no inmigrante que le otorga el Departamento de Justicia (Formulario I-94), acompañada de su pasaporte.

Además de los anteriores, también puede presentar algunos de los siguientes documentos:

- Pasaporte.
- Licencia de conducir o tarjeta de identificación de otro estado.
- Permiso de trabajo.
- Carné de su empleador.
- Tarjeta de identificación de su país.
- Carné de estudiante.
- Tarjeta del Seguro Social.
- Cualquier documento expedido por la Oficina de Naturalización y Servicios de Inmigración.

Fuera de estos documentos, deberá presentar un examen escrito y otro práctico de manejo, en el que además de demostrar sus habilidades al volante, deberá demostrar sus conocimientos de las leyes de tránsito.

Recuerde que en los últimos tiempos los trámites y los requisitos han cambiado. Infórmese en la oficina local del *Driver Licenses Department* qué es lo que necesitará en su caso personal.

El trámite debe hacerse en persona. Es preferible llamar y concretar una cita para no perder el tiempo. Además, así sabrá exactamente a qué hora lo atenderán.

> Si es ciudadano, puede renovar la licencia de conducir por correo, Internet, teléfono o en persona. Si no es ciudadano, deberá renovarla en persona.

Por lo general, la licencia es válida por unos siete años y caduca el día de su cumpleaños del año que se indique.

Si es ciudadano, puede renovarla por correo, Internet, teléfono o en persona, siguiendo las instrucciones que le envíen. Si no es ciudadano, deberá renovarla en persona y llevar todos los documentos requeridos que lo identifiquen plenamente y lo acrediten como residente legal.

Si tales documentos no son satisfactorios, el departamento puede retener su licencia anterior y expedirle una temporal mientras les lleva la documentación requerida. Es posible que la fecha de vencimiento de su nueva licencia sea la misma de sus documentos migratorios (por ejemplo, la tarjeta de residente temporal).

También deberá cambiar la licencia o la identificación si cambia de nombre o de dirección.

Si usted es ciudadano y ha cambiado su nombre legalmente, por matrimonio u orden de la corte, deberá presentar el documento que respalde dicho cambio (certificado de matrimonio, de divorcio, orden de la corte).

En caso de ser residente, primero deberá cambiar su nombre ante las autoridades migratorias, antes de hacer el cambio en su licencia de conducir o su tarjeta de identificación.

Por ley debe informar si cambia de dirección y obtener una licencia en la que conste la nueva dirección impresa. Según el estado, los ciudadanos pueden realizar este trámite en persona, por Internet, por teléfono o por correo. Los no ciudadanos deberán presentarse en la oficina correspondiente.

Pasaporte

Obviamente, para obtener un pasaporte de Estados Unidos deberá ser ciudadano. Si es la primera vez que va a solicitar uno, tiene que hacerlo en persona. Obtenga el Formulario DS-11 y adjunte una prueba de ciudadanía (como el certificado de naturalización), una prueba de identidad (como la licencia de conducir), dos fotografías (en el formulario encontrará las especificaciones) y el pago correspondiente (que no es reembolsable). Para obtener el formulario y los requisitos, visite:

 http://travel.state.gov/passport_ services.html

Existen más de 5,000 oficinas que reparten y reciben las solicitudes para expedir pasaportes, como cortes federales, oficinas de correo, bibliotecas públicas y diversas oficinas municipales y del condado.

En el país existen 13 agencias de pasaportes, pero la mayoría de ellas están designadas para atender, concertando cita previa, a personas que deben viajar a la mayor brevedad posible. Estas oficinas se encuentran en Boston, Chicago, Connecticut (Norwalk), Honolulú, Houston, Los Angeles, Miami, Nueva Orleans, Nueva York, Filadelfia, San Francisco, Seattle y Washington, D.C.

Para encontrar la oficina más cercana a su residencia, donde podrá tramitar su pasaporte, visite:

 **http://iafdb.travel.state.gov/**

Una vez que haya localizado la oficina a la que debe acudir, averigüe los horarios de atención al público y si necesita concertar una cita. Entregue los documentos respectivos (le devolverán su licencia de conducir) y, una vez que haya completado el trámite, la oficina remitirá toda la documentación a la oficina del Servicio de Pasaportes para que la procese.

En unas seis semanas recibirá su pasaporte por correo, con los documentos pertinentes (como el original del certificado de naturalización o de nacimiento). Si la solicitud la hizo directamente ante la oficina de pasaportes, entonces le llegará en cinco semanas o 25 días hábiles.

Si desea obtener el pasaporte para un menor de edad, deberá rellenar otro formulario con la autorización de los padres, en caso de que uno de los dos no pueda ir en persona a realizar el trámite.

Tarjeta de votación

Para poder ejercer su derecho al voto, los ciudadanos estadounidenses deberán obtener primero una tarjeta que los acredite como votantes. Es la llamada *State Voter Registration Card*.

Comisión Federal de Elecciones
Federal Election Commission

📞 (800) 424-9530
(202) 694-1100

✉ 999 E. Street, NW
Washington, DC 20463

Aunque la mayoría de los estados exigen los mismos requisitos para obtener la tarjeta, hay algunos que tienen requisitos específicos. Para encontrar información general sobre votación, visite:

 **www.fec.gov**

Los ciudadanos pueden solicitar su tarjeta de identificación de votante durante todo el año, excepto unos días antes de las elecciones, cuyas fechas varían en cada estado.

Si desea saber la fecha límite para inscribirse en su estado, visite:

 **www.fec.gov/votregis/state_ voter_reg_deadlines02.htm**

Certificados

Los certificados de nacimiento, defunción, matrimonio, divorcio y muerte fetal se deben tramitar ante la oficina de *Vital Statistics* del Departamento de Salud de su estado. Para encontrar la que le corresponde, visite:

www.cdc.gov/nchs/about/ major/natality/sites.htm

Si no tiene acceso a Internet, consulte en las páginas azules de su directorio telefónico.

Por lo general, el hospital o la funeraria se encargará de los trámites para obtener el certificado de nacimiento y defunción.

Para obtener una copia de alguno de esos certificados

(nacimiento, defunción, matrimonio, divorcio y muerte fetal), escriba o acuda a la oficina de *Vital Statistics* de la ciudad o estado donde ocurrió el hecho.

Para cada estado y acontecimiento, hay un precio específico que deberá pagar con cheque o *money order* a nombre de la oficina correspondiente y por la suma que le indiquen.

Como todos los costos están sujetos a cambios, cada estado tiene un número de teléfono donde le darán información actualizada. Incluso algunas de estas oficinas tienen sus propios sitios web.

Si usted necesita solicitar una copia del certificado de nacimiento o defunción, deberá hacerlo adjuntando información básica, como:

- Nombre y dirección de quien solicita la copia.
- Nombre completo de la persona a nombre de quien se expide el certificado.
- Sexo.
- Nombre de los padres, incluido el apellido de soltera de la madre.
- Mes, día y año del nacimiento o fallecimiento.
- Lugar del nacimiento o fallecimiento (ciudad, condado, estado y si es posible el nombre del hospital).
- Razón por la cual se solicita la copia.
- Parentesco entre el solicitante y la persona a nombre de quien se expedirá el certificado.

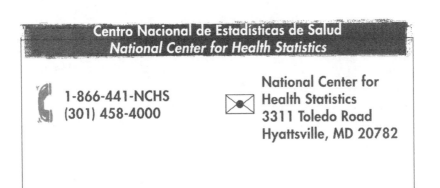

Centro Nacional de Estadísticas de Salud
National Center for Health Statistics

1-866-441-NCHS
(301) 458-4000

National Center for
Health Statistics
3311 Toledo Road
Hyattsville, MD 20782

Si se trata de certificados de matrimonio:

- Nombre completo de los cónyuges.
- Mes, día y año del matrimonio.
- Lugar del matrimonio (ciudad, condado y estado).
- Razón por la cual se solicita la copia del certificado.
- Parentesco entre el solicitante y las personas a nombre de quienes se expedirá el certificado.

Si se trata de certificados de divorcio:

- Nombre completo de los cónyuges.
- Fecha del divorcio o anulación.
- Lugar del divorcio o anulación.
- Tipo de decreto final.
- Razón por la cual se solicita la copia del certificado.
- Parentesco entre el solicitante y las personas a nombre de quienes se expedirá el certificado.

Para más información, visite:

 **www.cdc.gov/nchs/nvss.htm**

Para encontrar la oficina que le corresponde, visite:

 **www.cdc.gov/nchs/howto
/w2w/w2welcom.htm**

Matrícula Consular Mexicana

El gobierno de México, a través de su embajada y sus consulados en Estados Unidos, está promoviendo la llamada "Matrícula Consular", un documento de identificación para mexicanos residentes en el extranjero.

Para poder solicitar el documento, el interesado debe acudir al consulado que le corresponde y cumplir requisitos, como:

- Acreditar la nacionalidad mexicana (presentar copia certificada del Acta de Nacimiento Mexicana, certificado de nacionalidad, carta de naturalización, declaración de nacionalidad mexicana por nacimiento o su pasaporte vigente).
- Identificación oficial con fotografía (llevar también una fotocopia).
- Prueba de domicilio dentro de la circunscripción consular.
- Pago de los derechos, en conformidad con la Ley Federal de Derechos en vigor.

Según el gobierno mexicano, algunos departamentos de policía de Estados Unidos reconocen la Matrícula Consular Mexicana como documento de identidad.

El gobierno de ese país está impulsando la aceptación de la matrícula ante instituciones bancarias y financieras para poder abrir cuentas, enviar remesas, crear un historial crediticio y tomar medidas de seguridad en el manejo del dinero.

Para más información sobre la Matrícula Consular Mexicana y los requisitos para obtenerla, visite:

http://www.sre.gob.mx/tramites/ consulares/certificado_matricula.htm

Glosario

Amount: Cantidad, suma de dinero.
Apply in person: Presentar una solicitud en persona.
Become disabled: Discapacidad.
Benefits: Beneficios.
Births: Nacimientos.
Booklets: Publicaciones impresas.
Certified copy: Copia certificada, autenticada.
Claim: Reclamo, solicitar beneficios.
Collect benefits: Reclamar, cobrar los beneficios.
Complaint: Reclamación, queja.
Deaths: Fallecimientos.
Dependent children: Hijos dependientes.
Disability: Discapacidad.
Divorces: Divorcios.
DOB: Abreviatura de *Date of birth*, fecha de nacimiento.
Driver record: Antecedentes de un conductor.
Driver's License: Licencia o permiso de conducir.
Duplicate: Duplicado, copia.
Earnings: Ganancias, ingresos.
Estimates: Cotización, cálculo.
Evidence of your identity: Prueba de su identidad.
Expired: Vencido.
Fetal deaths: Muertes fetales.
Files: Archivos.
Full name: Nombre completo.
ID: Abreviatura de identification, identificación personal.
Identification Card: Tarjeta de identificación.
Income: Ingreso.
Insurance policy: Póliza de seguros.
Maiden name: Apellido de soltera.

Marriage certificate: Certificado de matrimonio.
Medical records: Historial médico.
Monthly benefits: Beneficios mensuales.
Name Change: Cambio de nombre.
Out-of-state driver license: Licencia de conducir de un estado distinto del que reside.
Power of attorney: Poder.
Print: Letra de molde (al completar un formulario).
Proof of date of birth: Certificado de fecha de nacimiento.
Relationship: Parentesco.
Renewals: Renovación.
Secondary identification: Identificación secundaria.
Self-employed: Trabajador independiente.
Social Security Card: Tarjeta del seguro social.
SS: Abreviatura de *Social Security*, Seguro Social.
SSA: Abreviatura de *Social Security Administration*, Administración del Seguro Social.
SSN: Abreviatura de *Social Security Number*, número del Seguro Social.
Statement: Extracto, detalle de transacciones o movimientos.
Stolen card: Tarjeta robada.
Subject to change: Sujeto a cambios, que puede variar.
Supplemental Security Income (SSI): Seguro de Ingreso suplementario.
Survivors: Sobrevivientes.
Temporary permit: Permiso temporal
Type: Mecanografiar (al completar un formulario).

En resumen...

El documento más importante es la tarjeta del Seguro Social (*Social Security*), que es un trozo de cartulina con un número impreso: su número del Seguro Social.

Para solicitar la tarjeta del Seguro Social debe completar el Formulario SS-5 (*Application for a Social Security Card*). Este trámite es completamente gratuito y puede realizarlo en persona en la oficina respectiva.

Cuide bien su tarjeta del Seguro Social, llevarla consigo no le reporta ninguna ventaja, pero perderla puede acarrearle muchos problemas. Memorice el número, pero recuerde que no sirve como documento de identidad.

La licencia de conducir es, además del permiso de conducir, un documento de identidad que deberá presentar para efectuar todo tipo de trámites.

Existen más de 5,000 oficinas que aceptan solicitudes para expedir pasaportes, como cortes federales, oficinas de correo, bibliotecas públicas y diversas oficinas municipales y del condado. Para obtener un pasaporte de Estados Unidos deberá ser ciudadano.

Los certificados de nacimiento, defunción, matrimonio, divorcio y muerte fetal, se deben tramitar ante la oficina de "Vital Statistics" del Departamento de Salud del estado donde acontezca el hecho.

La "Matrícula Consular" es un documento de identificación que expide el gobierno mexicano, a través de sus embajadas y consulados, para mexicanos residentes en el extranjero.

Estados Unidos

En este capítulo...

Algo de historia del país

Las funciones del Gobierno

Organización política

Los hispanos en Estados Unidos

Estados Unidos de América es un país de inmigrantes. Su fecha de independencia, el 4 de julio de 1776, marca el nacimiento de una nación que a la postre se convertiría en la gran potencia que es hoy en día.

Éste es el cuarto país en tamaño en el mundo y el tercero entre los de mayor población. En este capítulo le contamos un poco de geografía e historia, y le ofrecemos una breve descripción del gobierno de éste, su nuevo hogar.

Algo de historia

Tras el descubrimiento de América, por Cristóbal Colón en 1492, América se convirtió en el Nuevo Mundo para los europeos. Sin embargo, los aborígenes ya habitaban el territorio americano.

Aquí se establecieron colonizadores provenientes principalmente de España, Francia, Holanda e Inglaterra, que llegaban por diferentes razones, como comercio, economía, política o buscando libertad de credo.

En realidad, los ingleses llegaron algo tarde al Nuevo Mundo. El primer intento por asentarse fue en Roanoke, Carolina del Norte, en 1585. Pero tres años después, un barco que arribaba descubrió la pequeña villa totalmente desierta, sin rastro alguno de sus habitantes. De ahí que la llamaran "la colonia perdida".

En 1607 fundaron Jamestown, en Virginia, que por poco no sobrevive a los constantes ataques indios. Ésta fue la primera colonia inglesa permanente en tierra americana.

En 1620 un grupo de colonos que vinieron en busca de libertad religiosa se establecieron en Massachusetts. Se trataba de los peregrinos que fundaron Plymouth.

Hacia mediados de 1700 Inglaterra tenía el control de las colonias en América. Contaban ya más de un millón de habitantes en sus 13 colonias: Connecticut, Nueva Hampshire, Nueva York, Nueva Jersey, Massachusetts, Pensilvania, Delaware, Virginia, Carolina del Norte, Carolina del Sur, Georgia, Rhode Island y Maryland.

Con los años fue creciendo la tensión entre Gran Bretaña y sus colonias en América. Hasta que el 4 de julio de 1776 un gobierno revolucionario proclamó la Declaración de Independencia, un documento escrito por Thomas Jefferson que declaraba, entre otras cosas, que "todos los hombres son creados iguales". Ésta también fue una declaración de guerra. En diciembre de 1777 George Washington lideró un grupo de once mil hombres contra Valley Forge, en Pensilvania.

Benjamin Franklin apareció en escena para solicitar a los franceses que se aliaran con las fuerzas que respaldaban a las colonias. En 1778 Francia le declaró la guerra a Inglaterra, y luego le siguieron España y Holanda. De esta manera se forzó a los británicos para que negociaran la paz.

Al final de ésta, la Guerra de Independencia, Estados Unidos quedó con trece gobiernos independientes, pero la falta de un gobierno central acarreó problemas. En 1788 se reunieron en Filadelfia los representantes de esos gobiernos, en lo que se conoce como la Convención Constitucional (*Constitutional Convention*), presidida por James Madison, que acabaría convirtiéndose en el cuarto presidente. De ahí surgió la Constitución que regiría a la recién nacida nación.

El primer presidente fue George Washington, que gobernó por dos períodos y fue sucedido por John Adams.

El primer presidente fue George Washington, que gobernó por dos períodos y fue sucedido en el poder por John Adams.

El país comenzó a crecer a pasos agigantados, expandiéndose hacia el oeste de los trece estados originales. El tercer presidente, Thomas Jefferson, negoció la compra del Estado de Louisiana a los franceses por quince millones de dólares. En 1846 le compraron a los ingleses lo que es hoy en día Oregón, Washington e Idaho. Sin embargo, debieron luchar para incorporar a Texas, Florida, California, Utah, Arizona y Nuevo México.

El descubrimiento de oro en California, en 1847, creó una inmigración masiva hacia el oeste del país. Para 1860 la bandera estadounidense ondeaba desde el Atlántico hasta el Pacífico.

Entre tanto, los estados del norte y del sur estaban divididos por la esclavitud. Los del norte abogaban por la libertad de los esclavos, mientras que los del sur se oponían a ello.

En ese movimiento abolicionista surgieron figuras como las de

Abraham Lincoln, que aunque se oponía a la esclavitud, no la combatía fervorosamente. Cuando ganó la presidencia en 1860, los estados sureños no lo aceptaron como líder. Siete estados se separaron de la Unión y formaron lo que conocemos como los Estados Confederados. Como consecuencia, desde 1861 hasta 1865 se vivió uno de los episodios más sangrientos de la historia estadounidense: la Guerra Civil.

En 1863 el presidente Abraham Lincoln decretó la Proclamación de Emancipación, que liberaba a todos los esclavos. Dos años después, el 15 de abril de 1865, Lincoln fue asesinado.

Pese a la abolición de la esclavitud y a los años de guerra, los estados sureños continuaron sus divisiones raciales. Pasaría un siglo antes de que se eliminara la línea divisoria que impedía a blancos y negros compartir vagones de trenes, restaurantes, hoteles, teatros, etc. La segregación racial llegó incluso a las escuelas.

> En 1863 el presidente Abraham Lincoln expidió la Proclamación de Emancipación, que liberaba a todos los esclavos.

A finales del siglo XIX se comenzaron a expandir las líneas de ferrocarril hacia el oeste, y con ellas se extendió la Revolución Industrial. Las calles comenzaron a llenarse de automóviles y las ciudades de rascacielos. Además, la luz eléctrica ya brillaba en las noches de entonces.

Fueron años de opulencia y de crecimiento. En 1867 se les compró a los rusos lo que hoy es Alaska, por $7,200,000, o lo que equivale a dos centavos por acre. En 1898 Estados Unidos tomó posesión de Hawai, y durante la breve guerra con España, anexó Guam, Filipinas y Puerto Rico. Mientras que Filipinas se independizó en 1946, Guam y Puerto Rico permanecieron como territorios estadounidenses. Puerto Rico, en calidad de Estado libre asociado.

Se calcula que millones más de inmigrantes llegaron entre 1870 y principios del siglo XX. Para la mayoría de ellos, la puerta de entrada fue la Isla Ellis, en Nueva York. En un momento llegaron a registrarse diez mil inmigrantes diarios. Entre tanto, por la costa oeste comenzaba la afluencia de inmigrantes procedentes de Asia.

En 1914 estalló la Primera Guerra Mundial; con ella se redujo el flujo migratorio.

Para la década de 1920 vino la Gran Depresión, que dejó a muchos estadounidenses sin trabajo y en la pobreza.

En la década de 1920 se desencadenó la Gran Depresión, que dejó a muchos estadounidenses sin trabajo y en la pobreza.

En 1932 Franklin Delano Roosevelt fue electo presidente. Bajo su gobierno se implantaron programas para aliviar la Gran Depresión. En 1935 se estableció un programa de pensiones para jubilados y subsidio de desempleo: el Seguro Social.

En 1939 estalló la Segunda Guerra Mundial. La Alemania nazi invadía países europeos y en el norte de África. Inglaterra y Francia le declararon la guerra en 1940. Italia se alió a Alemania, así como Japón.

El 7 de diciembre de 1941 Japón atacó la base militar de Pearl Harbor, en Hawai.

En 1945 falleció el presidente Roosevelt y fue sucedido en el poder por su vicepresidente: Harry S. Truman.

En el mes de agosto del año 1945, Estados Unidos lanzó las bombas atómicas sobre las ciudades de Hiroshima y Nagasaki, en Japón. Este hecho trajo el fin de la guerra, pero también supuso el inicio de la era nuclear.

Después de la Segunda Guerra Mundial, los suburbios estadounidenses experimentaron un gran crecimiento. En los años 50 del siglo XX vino la Guerra Fría, un tenso enfrentamiento ideológico entre las naciones democráticas y los países comunistas. Por esos años, comenzó también la exploración espacial, liderada por Rusia y Estados Unidos.

El 20 de julio de 1969 el estadounidense Neil Armstrong llegó a la luna, mientras desde la Tierra se seguía su "pequeño gran paso" por televisión.

> El 20 de julio de 1969 el estadounidense Neil Armstrong llegó a la luna, mientras la tierra seguía su "pequeño gran paso" por televisión.

Pero unos años antes, en 1955, comenzó a gestarse otra revolución: la de los derechos civiles. Uno de los protagonistas principales de esta cruzada fue el reverendo Martin Luther King Jr. Así se logró que se declarara inconstitucional la segregación en las escuelas, que todos los estadounidenses tuvieran derecho al voto y que se aboliera la segregación también en negocios abiertos al público. El 4 de abril de 1968 King fue asesinado. En 1961 asumió el poder el 35º presidente de Estados Unidos: John F. Kennedy, que fue asesinado el 22 de noviembre de 1963. Lo sucedió Lyndon B. Johnson. A finales de la década de los 60 estalló la Guerra de Vietnam, lo que volvió a dividir al país en dos, con grupos exigiendo la paz y otros apoyando la guerra. También en los 60 comenzó el movimiento para la liberación femenina, lo que permitió a la mujer vencer la discriminación en el mundo laboral y conseguir empleos en campos como la medicina y la ingeniería.

Con la elección del presidente Richard Nixon, en 1968, vendría también el fin de la Guerra de Vietnam. En 1972 fue reelegido, pero el escándalo de espionaje de Water Gate le costó la presidencia y tuvo que renunciar.

La caída del comunismo en el mundo y los conflictos con Oriente Medio son historia reciente. En 1990 el presidente George Bush envió tropas al golfo Pérsico para obligar a las fuerzas iraquíes a que abandonaran el territorio de Kuwait que habían invadido.

En 1992 asumió el poder Bill Clinton, cuyos dos períodos de gobierno se vieron empañados por escándalos de perjurio e infidelidades.

En el año 2000 asumió el poder George W. Bush. El 11 de septiembre de 2001, Estados Unidos fue fuertemente golpeado con el ataque terrorista a Nueva York y Washington, lo que llevó al país a declarar la guerra contra el terrorismo, y lo que desencadenaría la guerra contra Irak y el derrocamiento de su líder, Saddam Hussein. *

El gobierno

Estados Unidos es una democracia federal, en la que sus poderes están divididos entre el gobierno nacional o federal y los distintos gobiernos estatales.

El gobierno federal de Estados Unidos se divide en tres poderes: legislativo (que promulga las leyes), ejecutivo (ejecuta las leyes) y judicial. Los tres poderes son independientes y deben supervisarse unos a otros.

El poder ejecutivo está encabezado por el presidente de la

* Obras consultadas para la redacción de esta breve historia de Estados Unidos:

Johnson, Robert D. The Making of America. Washington, National Geographic, 2002.

Stein, R. Conrad. Enchantment of the World: The United States of America. Chicago, Children Press, 1994.

Web, Marcus. Modern Nations of the World: The United States. San Diego, Lucent Books, 2000.

República, que actualmente es George W. Bush (2000-2004).
Para ser presidente de Estados Unidos se requiere ser mayor de
35 años, haber nacido en el país y haber residido aquí durante
catorce años consecutivos.

Los candidatos se postulan dentro de su mismo partido en
elecciones primarias que tienen lugar entre febrero y junio del
mismo año de la elección presidencial, que se realiza cada cuatro
años para el mes de noviembre. En las elecciones primarias
también se elige a los miembros del Congreso y a otros
candidatos a escala estatal, municipal y del condado.

Los principales partidos políticos son el Demócrata y el
Republicano; entre los demás se pueden contar el Independiente,
el Libertario, el Socialista y el Comunista. Incluso, en la década
de 1970, existió uno llamado La Raza Unida, de la comunidad
chicana de Texas. Con frecuencia verá la mascota que simboliza
a los partidos más importantes. La del Partido Demócrata es un
burro y la del Republicano, un elefante.

El gobierno federal se divide en tres ramas:
legislativa , ejecutiva y judicial. Las tres
ramas tienen poderes independientes y
deben supervisarse unas a otras.

A diferencia de la mayoría de nuestros países de origen, aquí no
se elige al presidente por voto popular, sino que se elige por el
voto de los colegios electorales de cada estado. El número de
votos electorales de cada estado equivale al número de diputados
y senadores federales de ese estado. De manera que todos los
votos electorales de un estado se asignan al candidato que haya
ganado la mayoría de votos allí. Si ningún candidato obtiene dicha
mayoría, la Cámara de Diputados decide la elección.

El presidente toma posesión el 20 de enero inmediatamente

después de la elección. El período presidencial es de cuatro años y se permite solamente una reelección.

El vicepresidente es el segundo puesto de mayor rango en el gobierno. Además de ser quien reemplaza al presidente en caso de que éste muera o quede incapacitado, el vicepresidente es el encargado de presidir el Senado, ser el enlace entre el Senado y el poder ejecutivo, ser miembro del Gabinete, representar al presidente en el Consejo de Seguridad, etc. El presidente actual se llama George W. Bush, y el vicepresidente, Richard B. Cheney (más conocido como Dick Cheney).

Los votantes

Solamente los ciudadanos de Estados Unidos, por nacimiento o naturalización, mayores de 18 años tienen derecho al voto, exceptuando las personas que han cometido delitos mayores.

Para entrar en el sufragio, el votante debe inscribirse y obtener una tarjeta de votante. Para ello debe llenar un formulario que podrá encontrar en algunas bibliotecas públicas, municipalidades, oficinas de licencias de conducir, etc. En algunos estados, el formulario viene en inglés y en español. Una vez lo complete, viene listo para que lo doble en dos y lo selle. Entonces deberá enviarlo a la oficina correspondiente, cuya dirección viene ya impresa; simplemente añada el sello de correos.

Unas siete semanas después, recibirá a vuelta de correo la tarjeta de votante. Si llega a cambiar de nombre o dirección, deberá hacer esta misma diligencia para obtener una tarjeta con sus datos actualizados. También, cuando se convierte en ciudadano, el día de la ceremonia, seguramente lo invitarán a inscribirse.

Se estima en 200 millones la cifra de estadounidenses con edad para votar, de ellos 150 millones están registrados y solamente unos 100 millones votan en las elecciones presidenciales. En las demás elecciones, el absentismo es aún mayor.

Presidentes y vicepresidentes de Estados Unidos

F= Federalista (*Federalist*) D= Demócrata (*Democrat*) R= Republicano (*Republican*)
L= Liberal (*Whig*) UN= Unión Nacional (*National Union*)

Presidente (Partido)	Período	Vicepresidente
George Washington (F)	1789-1797	John Adams
John Adams (D)	1797-1801	Thomas Jefferson
Thomas Jefferson (R)	1801-1809	Aaron Burr, 1801-1805
		George Clinton, 1805-1809
James Madison (D/R)	1809-1817	George Clinton, 1809-1812
		(No VP, 1812-1813)
		Elbridge Gerry, 1813-1814
		(No VP, 1814-1817)
James Monroe (D/R)	1817-1825	Daniel D. Tompkins
John Quincy Adams (D/R)	1825-1829	John C. Calhoun
Andrew Jackson (D)	1829-1837	John C. Calhoun, 1829-1832
		(No VP, 1832-1833)
		Martin Van Buren 1833-1837
Martin Van Buren (D)	1837-1841	Richard M. Johnson
William Henry Harrison (L)	1841	John Tyler
John Tyler (L)	1841-1845	(No vicepresidente)
James Knox Polk (D)	1845-1849	George M. Dallas
Zachary Taylor (L)	1849-1850	Millard Fillmore
Millard Fillmore (L)	1850-1853	(No vicepresidente)
Franklin Pierce (D)	1853-1857	William R. King, 1853
		(No VP, 1853-1857)
James Buchanan (D)	1857-1861	John C. Breckinridge
Abraham Lincoln (R)	1861-1865	Hannibal Hamlin, 1861-1865
		Andrew Johnson, 1865
Andrew Johnson (D/UN)	1865-1869	(No vicepresidente)
Ulysses Simpson Grant (R)	1869-1877	Schuyler Colfax, 1869-1873
		Henry Wilson, 1873-1875
		(No VP, 1875-1877)
Rutherford Birchard Hayes (R)	1877-1881	William A. Wheeler

Presidente (Partido)	Período	Vicepresidente
James Abram Garfield (R)	1881	Chester A. Arthur
Chester Alan Arthur (R)	1881-1885	(No vicepresidente)
Grover Cleveland (D)	1885-1889	Thomas A. Hendricks, 1885 (No VP, 1885-1889)
Benjamin Harrison (R)	1889-1893	Levi P. Morton
Grover Cleveland (D)	1893-1897	Adlai E. Stevenson
William McKinley (R)	1897-1901	Garret A. Hobart, 1897-1899 (No VP, 1899-Mar. 1901) Theodore Roosevelt, 1901
Theodore Roosevelt (R)	1901-1909	(No VP, 1901-1905) Charles W. Fairbanks, 1905-09
William Howard Taft (R)	1909-1913	James S. Sherman, 1909-1912 (No VP, 1912-1913)
Woodrow Wilson (D)	1913-1921	Thomas R. Marshall
Warren Gamaliel Harding(R)	1921-1923	Calvin Coolidge
Calvin Coolidge (R)	1923-1929	(No VP, 1923-1925) Charles G. Dawes, 1925-1929
Herbert Clark Hoover (R)	1929-1933	Charles Curtis
Franklin Delano Roosevelt (D)	1933-1945	John N. Garner, 1933-1941 Henry A. Wallace, 1941-1945 Harry S. Truman, 1945
Harry S. Truman (D)	1945-1953	(No VP, 1945-1949) Alben W. Barkley, 1949-1953
Dwight David Eisenhower(R)	1953-1961	Richard M. Nixon
John Fitzgerald Kennedy (D)	1961-1963	Lyndon B. Johnson
Lyndon Baines Johnson (D)	1963-1969	(No VP, 1963-1965) Hubert H. Humphrey, 1965-69
Richard Milhous Nixon (R)	1969-1974	Spiro T. Agnew, 1969-1973 (No VP, 1973) Gerald R. Ford, 1973-1974
Gerald Rudolph Ford (R)	1974-1977	(No VP, 1974) Nelson A. Rockefeller, 1974-77
Jimmy Carter (D)	1977-1981	Walter F. Mondale
Ronald Wilson Reagan (R)	1981-1989	George H. W. Bush
George Herbert Walker Bush(R)	1989-1993	J. Danforth Quayle
Bill Clinton (D)	1993-2001	Albert Gore, Jr.
George Walker Bush (R)	2001-	Dick Cheney

Secretarías y departamentos

En el poder ejecutivo de Estados Unidos también se incluyen las secretarías o departamentos, que es lo que en nuestros países conocemos como ministerios. Se trata de consejos desde los que se administran los departamentos federales.

En el actual gobierno podemos encontrar las siguientes secretarías o departamentos:

* Departamento de Agricultura
  (*Department of Agriculture - USDA*)
* Departamento de Comercio
  (*Department of Commerce*)
* Departamento de Defensa
  (*Department of Defense - DOD*)
* Departamento de Educación
  (*Department of Education*)
* Departamento de Energía
  (*Department of Energy*)
* Departamento de Salud y Servicios Humanos
  (*Department of Health and Human Services*)
* Departamento de Seguridad Nacional
  (*Department of Homeland Security - DHS*)
* Departamento de Vivienda y Desarrollo Urbano
  (*Department of Housing and Urban Development - HUD*)
* Departamento de Justicia
  (*Department of Justice - DOJ*)
* Departamento de Trabajo
  (*Department of Labor*)
* Departamento de Estado
  (*Department of State*)
* Departamento del Interior
  (*Department of the Interior*)

* Departamento de Transporte
  (*Department of Transportation - DOT*)
* Departamento del Tesoro
  (*Department of Treasury*)
* Departamento de Veteranos
  (*Department of Veterans Affairs*)

También hay agencias federales, que son entidades independientes del poder ejecutivo, con una función específica y temporal, aunque algunas son permanentes por el carácter de su función. Entre ellas se encuentran:

* Comisión de Derechos Civiles
* Comisión del Consumidor y Seguridad de Productos
* Protección Ambiental
* Comisión Federal Electoral
* Agencia de Emergencias
  (*Federal Emergency Management Agency, FEMA*)

El poder legislativo

El poder legislativo de Estados Unidos está formado por el Congreso de la nación y su función es promulgar las leyes que gobiernan al país.
Seguramente usted habrá visto el famoso Capitolio de Washington; pues es allí donde se reúne el Congreso. El imponente edificio fue construido entre 1793 y 1867, y es frente a éste que el presidente toma posesión del cargo y jura defender las leyes y los principios del país.
El Congreso está formado por el Senado y la Cámara de Representantes. El Congreso tiene la facultad de imprimir la moneda, pedir préstamos, recaudar impuestos. Vela por la defensa nacional, redacta las leyes de inmigración y ciudadanía, entre otras muchas funciones. Constitucionalmente, sólo el

Congreso puede declarar la guerra.

Cualquier ciudadano (por nacimiento o naturalización después de un mínimo de nueve años), mayor de 30 años y residente del estado que aspira a representar, puede ser senador. Cada estado elige a dos senadores para el Congreso, que representarán a los ciudadanos de dicho estado. El mandato en el Senado dura seis años y no hay límite en el número de reelecciones.

Cualquier ciudadano (por nacimiento o naturalización después de un mínimo de siete años) puede ser representante federal si ha cumplido 25 años y es residente del estado al que aspira a representar. El período de elección es de dos años con reelecciones ilimitadas. Cada estado está dividido en distritos y el número de representantes depende del número de habitantes del estado. Entre menos habitantes, menos representantes.

El poder judicial

El poder judicial es el que interpreta las leyes que no están claras en la Constitución, escucha pleitos entre personas, entre estados, entre personas y gobierno, etc. La Corte Suprema vigila a los otros dos poderes y está formada por un juez supremo y ocho jueces que son nombrados por el presidente y confirmados por el Congreso.

Organización política

Estados Unidos está dividido en 50 estados. Cuando se promulgó la Constitución en 1787, los representantes de las colonias, para evitar que nadie controlara el gobierno, limitaron el poder del gobierno federal y otorgaron a los estados los demás poderes.

Los gobiernos de los estados son similares a los federales, con los poderes legislativo, ejecutivo y judicial. También existe una Constitución estatal, pero la federal es superior. Los estados tienen el poder de establecer gobiernos locales, convocar elecciones, mantener el sistema de educación pública, etc.

El gobernador es elegido por voto popular cada cuatro años y es reelegible. El vicegobernador se llama *Lieutenant Governor*.

Los estados también tienen Senado y Cámara de Representantes, cuyos miembros son elegidos por voto popular.

Los condados son las divisiones geográficas de los estados. Los condados tienen la potestad de supervisar elecciones y administrar ciertos servicios, recaudar impuestos y administrar presupuestos, entre muchas otras funciones. La extensión de terreno que cubre un condado es mayor que el de una ciudad y, de hecho, abarca varias ciudades.

En algunas partes del país los condados reciben otro nombre: en Alaska se llaman *boroughs* (villas o municipios) y en Louisiana *parishes* (parroquias). Los condados son administrados por comisionados o supervisores elegidos por voto popular, algunos incluso tienen un alcalde, o los comisionados se rotan para ese cargo.

Las ciudades son las subdivisiones de los condados y su forma de gobierno varía. Algunas ciudades son gobernadas por un alcalde y los cabildos o concejos, cuyo número de representantes varía

A Estados Unidos de América lo conforman 50 estados, el Distrito de Columbia y Puerto Rico, que es un estado libre asociado.

según el tamaño de la ciudad. Hay otras ciudades que tienen una forma de gobierno que elige comisionados, los cuales se dividen la administración de la ciudad y se rotan la alcaldía. Una persona debe acatar las leyes de la ciudad en que vive, las del condado al que pertenece esa ciudad, así como las de su estado y las del país.

Estados Unidos, el país

Estados Unidos de América es el cuarto país en tamaño en el mundo. Lo conforman 50 estados (incluidos Alaska, al norte de Canadá, y Hawai, archipiélago del Pacífico), el Distrito de Columbia y Puerto Rico, que es un estado libre asociado. La capital del país es Washington D.C.

Los llamados Estados Unidos continentales (que no incluyen Alaska, Hawai, ni Puerto Rico) ocupan un área de 3,787,300 millas cuadradas (9,809,107 kilómetros cuadrados) y limitan con Canadá al norte, México al sur, el océano Pacífico al oeste y el océano Atlántico al este.

Según el censo oficial, en el año 2000 la población era de 281,421,906 habitantes. Los cálculos estiman que para julio del 2002, había 288,368,698 habitantes. Estados Unidos es el tercer país más poblado del mundo. Para más información visite:

 **www.census.gov**

Con excepción de Alaska, que es fría durante todo el año, la mayoría del país tiene zonas climáticas con cuatro estaciones: otoño (de septiembre a diciembre), invierno (de diciembre a abril), primavera (de abril a junio) y verano (de junio a septiembre). El inicio oficial del verano lo marca la festividad del *Memorial Day* o Día de Recordación, que se celebra el último domingo de mayo y finaliza oficialmente en el *Labor Day* o Día del Trabajo, el primer lunes de septiembre.

Población hispana en las diez ciudades más pobladas de Estados Unidos

Ciudad y Estado	Población total		Población hispana		Porcentaje total de población hispana
	Número	Puesto	Número	Puesto	
Nueva York, NY	8,008,278	1	2,160,554	1	27,0
Los Ángeles, CA	3,694,820	2	1,719,073	2	46,5
Chicago, IL	2,896,016	3	753,644	3	26,0
Houston, TX	1,953,631	4	730,865	4	37,4
Filadelfia, PA	1,517,550	5	128,928	24	8,5
Phoenix, AZ	1,321,045	6	449,972	6	34,1
San Diego, CA	1,223,400	7	310,752	9	25,4
Dallas, TX	1,188,580	8	422,587	8	35,6
San Antonio, TX	1,144,646	9	671,394	5	58,7
Detroit, MI	951,270	10	47,167	72	5,0
El Paso, TX	563,662	23	431,875	7	76,6
San José, CA	894,943	11	269,989	10	30,2

Fuente: U.S Census Bureau, Census 2000 Summary File 1

Poder de adquisición de los latinos por estado en millones de dólares

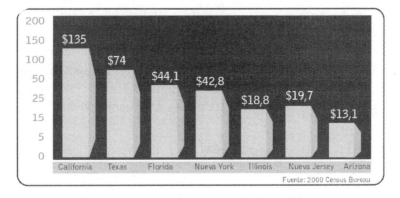

Fuente: 2000 Census Bureau

Distribución de latinos en EE.UU. por país de origen

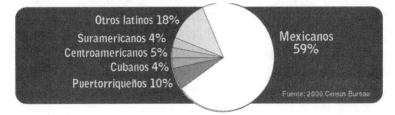

Fuente: 2000 Census Bureau

¿Cuántos y cómo somos?

Los hispanos o latinos, como quiera que se nos quiera llamar, somos la minoría de más rápido crecimiento en Estados Unidos. En el año 2002 se estimaba que la población hispana era de 37.4 millones de personas, lo que quiere decir el 13.3 por ciento de la población total o si se quiere poner en términos más simples: uno de cada ocho habitantes de este país es de origen hispano.

Aunque todos los hispanos hablamos la misma lengua, venimos de diferentes países y eso es lo que hace más rica y variada nuestra cultura.

Se estima que dos terceras partes, o sea el 66.9 %, es de origen mexicano, el 14.3 % de centro y suramérica, el 8.6 % puertorriqueño, el 3.7 % cubano y el 6.5 % de otros orígenes.

Las edades también se reflejan en los estudios. Somos una minoría joven, ya que el 34.4 % es menor de 18 años y sólo el 5.1 por ciento es mayor de 65 años. El 40.2 % de los hispanos que viven en Estados Unidos son inmigrantes, y la gran mayoría de ellos, el 52.2 %, llegó a Estados Unidos entre 1990 y 2002.

Hablar de hispanos es hablar de familia. Y la familia también se ve reflejada en los estudios de población. El 26.5 % de las familias hispanas tienen cinco o más miembros. Pero entre hispanos también hay diferencias, por ejemplo las familias de origen mexicano son las que tienden a tener cinco o más miembros, mientras que las cubanas son mayoría entre las que tienen sólo dos miembros.

Los estudios también reflejan cifras en aspectos como la educación y el trabajo. Se estima que el 57 % de los hispanos mayores de 25 años se ha graduado de bachiller. Sólo el 11.1 % tienen un título universitario. En cuanto al aspecto laboral, el 22.1 % trabaja en el área de servicios y el 14.2 % ocupa posiciones administrativas o profesionales. Pero lo más alarmante es que el 21.4 % de los nuestros está bajo el umbral de pobreza.

(Fuente: US Census Bureau)

Glosario

American: Estadounidense, americano.
Boundaries: Fronteras, limitación geográfica.
Cabinet: Gabinete.
Capitol: Capitolio.
Civil War: Guerra Civil.
Climate: Clima.
Cold War: Guerra Fría.
Commerce: Comercio.
Congressman(woman): Congresista.
Congress: Congreso.
Continental US: Estados Unidos continentales, no incluye las islas o territorios que no están en el continente.
County: Condado.
D.C.: *District of Columbia*, Distrito de Columbia.
Defense: Defensa.
Democrat: Demócrata.
Democratic: Democrático.
Department of: Departamento de, es lo que conocemos como ministerios.
Elections: Elecciones.
Executive branch: Poder ejecutivo.
Fall: Otoño.
Federal Agencies: Agencias federales.
Flag: Bandera.
Government: Gobierno.
Governor: Gobernador.
Great Depression: Gran depresión (económica).
Hispanic: Hispano.
Holiday: Día de fiesta.
House of Representatives: Cámara de Representantes.
Household: Casa, familia que vive junta.
Independence Day: Día de la Independencia.
Judiciary Branch: Poder judicial.

Labor: Trabajo.
Legislative Branch: Poder legislativo.
Lieutenant Governor: Vicegobernador.
Marital status: Estado civil.
Mayor: Alcalde.
Non-Hispanic white: Raza blanca, pero no de origen hispano.
Old Glory: Nombre que se le da a la bandera.
Origin: Origen, lugar de nacimiento suyo, de sus ancestros.
Political parties: Partidos políticos.
Population: Habitantes, población.
President: Presidente.
Race: Raza.
Register: Registrarse, inscribirse.
Registration: Inscripción.
Republican: Republicano.
Senate: Senado.
Senator: Senador.
Signature: Firma.
Spring: Primavera.
States: Estados.
Summer: Verano.
Supreme Court: Corte Suprema.
United States: Estados Unidos.
Urban Development: Desarrollo urbano.
US: Abreviatura de *United States*.
Vicepresident: Vicepresidente.
Voter Registration Card: Tarjeta de inscripción de votante.
Voter: Votante.
Weather: Clima.
Weekday: Día hábil (de lunes a viernes).
Weekend: Fin de semana.
White House: Casa Blanca, donde reside el presidente de EE.UU.
Winter: Invierno.

En resumen...

En lo que hoy en día es Estados Unidos se establecieron colonizadores provenientes principalmente de España, Francia, Holanda e Inglaterra, que llegaban por diferentes razones, como comercio, economía, política o buscando la libertad de credo.

Estados Unidos es una democracia federal, en la que sus poderes están divididos entre gobiernos estatales y el gobierno nacional o federal.

El Gobierno federal se divide en tres poderes: legislativo (que promulga las leyes), ejecutivo (que ejecuta las leyes) y judicial. Los tres poderes son independientes y deben supervisarse unos a otros.

Los ciudadanos de Estados Unidos, por nacimiento o naturalización, mayores de 18 años tienen derecho al voto. Sin embargo, antes de poder ejercerlo deben inscribirse y obtener una tarjeta de votante.

Estados Unidos es el cuarto país en tamaño del mundo. Lo forman 50 estados, el Distrito de Columbia y Puerto Rico, que es un estado libre asociado. La capital del país es Washington D.C.

Los cálculos estiman que en julio del 2002 había más de 288 millones de habitantes en Estados Unidos, de los cuales más de 35 millones eran hispanos.

Los hispanos o latinos son la minoría de más rápido crecimiento en Estados Unidos. En el año 2002 se estimaba que la población hispana era de 37.4 millones de personas, lo que quiere decir el 13.3 % de la población total o si se quiere poner en términos más simples: uno de cada ocho habitantes de este país es de origen hispano.

5

Deberes
y derechos

Sea cual sea su situación migratoria, en Estados Unidos se respetan sus derechos civiles, pero de igual manera usted tiene deberes que cumplir y leyes que respetar. Existen además diversos programas federales de asistencia, como el Seguro Social, que no sólo le beneficiarán cuando se jubile, sino que también protegerán a su familia en caso de que usted fallezca o quede discapacitado. También hay otras ayudas económicas como los cupones de alimentos, para personas o familias que atraviesen una difícil situación económica.

La Constitución

La Constitución de Estados Unidos, que es la Ley Suprema de la nación, otorga a todos sus habitantes derechos constitucionales a la vida, la libertad y la búsqueda de la felicidad.

A la vida, porque todos tienen derecho a ella y para que nadie se la pueda negar. A la libertad, porque quienes redactaron la Constitución deseaban garantizar la libertad de viajar, vivir y trabajar donde quisiera el individuo. Y a la búsqueda de la felicidad porque los individuos tienen derecho a no ser discriminados y a la igualdad de oportunidades para alcanzar sus metas.

A los tres años de redactarse la Constitución en 1791, se realizaron diez enmiendas, conocidas como *The Bill of Rights*. La primera defiende los principios fundamentales de la libertad y la justicia, y garantiza estos derechos esenciales:

- Libertad de credo: Concede que el gobierno no puede interferir en el derecho de un individuo de practicar cualquier fe, y mucho menos de establecer una religión oficial en Estados Unidos.
- Libertad de expresión y libertad de prensa: Estipula que el Congreso de Estados Unidos no puede promulgar una ley que impida que los ciudadanos expresen sus opiniones oralmente o por escrito. Sin embargo, existen limitaciones a esta libertad cuando se trate de obscenidades, se pretenda incitar a la violencia o calumniar a otro individuo.
- Libertad de reunión para expresar las creencias.

Además, los habitantes de esta nación cuentan con los derechos civiles o *Civil Rights,* que son una protección contra la discriminación por parte del gobierno y de otros individuos.

Un individuo no puede ser discriminado por razón de raza, sexo, religión, país de origen, discapacidad física o preferencia sexual, en situaciones como el empleo, la educación, los programas federales, etc.

¿Problemas con la ley?

En Estados Unidos, los encuentros con la ley son bastante serios. Si en algún momento tuviera que enfrentarse a una situación de este tipo, también tendrá derecho a que lo protejan.

Normalmente las autoridades no pueden detener a un individuo sin presentar cargos contra él, ni mantenerlo incomunicado a menos que vaya a presentarse ante un juez. Esto protege al individuo del abuso de las autoridades. Sin embargo, después de los ataques terroristas del 11 de septiembre del 2001, el gobierno sí puede detener y encarcelar a sospechosos de terrorismo.

> Cuando una persona es detenida, la policía debe leerle sus derechos en el idioma que esa persona entienda.

Cuando una persona es detenida, la policía debe leerle sus derechos en el idioma que esa persona entienda. Los derechos Miranda, como se les conoce, dicen que el sospechoso tiene derecho a permanecer callado y que cualquier cosa que diga puede usarse en su contra, que tiene derecho a ser representado por un abogado y que si no tiene con qué pagar uno, la corte se lo asignará sin costo alguno. Por último le preguntan si ha entendido todo lo que se le ha dicho.

Si no se leen los derechos, cualquier confesión del individuo carecerá de validez como prueba durante el juicio.

Cuando tenga un problema con la ley es recomendable que busque a un abogado. Si no tiene dinero para pagarlo, un abogado de oficio lo representará. En un procedimiento civil no es obligatorio, pero sí recomendable. Tenga en cuenta que los procedimientos de deportación no son considerados criminales, por lo tanto no tendrá derecho a un abogado de oficio gratis.

La Constitución defiende al individuo de un encarcelamiento

injusto con la posibilidad de obtener libertad bajo fianza. Un juez determina el monto de la fianza o, en algunos casos, determina que basta con la palabra del acusado de que se presentará ante la Corte a prestar su declaración cuando sea requerido. El juez no puede establecer una fianza fuera de lo común, a menos que el caso sea demasiado grave y exista la posibilidad de que el individuo vaya a huir. En tal caso, la fianza puede fijarse en millones de dólares o simplemente ser denegada.

Un juicio es básicamente un debate entre dos partes: la fiscalía (si es un juicio criminal) y la defensa. La primera busca comprobar la culpabilidad del acusado, y la segunda su inocencia, basándose en pruebas, testigos, etc.

Un juez presidirá el juicio. También está el jurado, que es un grupo de 12 ciudadanos elegidos al azar. Existen asimismo los juicios sin jurado, en los que el juez juzga y sentencia. Uno de los deberes de los ciudadanos estadounidenses (por nacimiento o naturalización) es formar parte de un jurado cuando así se lo pidan. A menos que tengan una excusa válida, no podrán eximirse.

Programas de bienestar social

El gobierno de Estados Unidos ofrece dos tipos de programas de bienestar social:

- Programas de seguridad social: Son en realidad los programas de seguros en los que empleadores y empleados pagan impuestos. Como el público es quien contribuye, se tiene la percepción de que son un derecho adquirido.
- Programas de asistencia pública: Resultan de la responsabilidad del gobierno de ayudar a los necesitados (hay limitaciones para los extranjeros).

Dentro de esos mecanismos de ayuda se encuentra el Seguro Social o *Social Security*. En un principio, la finalidad del Seguro Social era otorgar beneficios a la personas mayores de 65 años jubiladas, sin embargo, éste se ha ido ampliando y ahora incluye cuatro categorías de beneficiarios:

- Trabajadores jubilados y sus sobrevivientes.
- Ciudadanos permanentemente discapacitados.
- El Medicare ofrece asistencia médica a personas mayores de 65 años (ver capítulo sobre salud).
- Subsidio temporal de desempleo, que ofrece ayuda financiera semanal y temporal a quienes han perdido su empleo. Cada estado determina la cantidad y duración de la ayuda, siendo el promedio $200 a la semana durante 26 semanas (ver capítulo de empleo).

Las personas nacidas a partir de 1929 necesitan 40 créditos para poder obtener la jubilación. Durante los años de trabajo, los salarios son acreditados al expediente del Seguro Social, y se obtienen créditos por ganancias basados en esos salarios. Esos créditos determinan la elegibilidad para obtener beneficios en caso de jubilación, incapacidad o sobrevivientes si el beneficiario resulta incapacitado o muere.

Una persona sólo puede acumular cuatro créditos por año, y se otorga un crédito por cada $890 de ganancias.

Cada año, aproximadamente tres meses antes de su cumpleaños, recibirá por correo una Declaración de Seguro Social. Éste es un documento de cuatro páginas que detalla las ganancias y calcula

Administración del Seguro Social
Social Security Administration

1-800-772-1213
(marque el 2 para español)

www.ssa.gov

las pensiones de jubilación anticipada, jubilación completa y a los 70 años, pensiones por incapacidad, pensiones pagaderas a su cónyuge y a otros familiares en caso de que el beneficiario se jubile, quede incapacitado o fallezca.

Es un documento muy importante donde podrá ver en cifras concretas los beneficios a los que tiene derecho en el momento que lo reciba. Cada año le llegará la declaración actualizada.

La edad de la jubilación

Como ya hemos explicado, una persona puede jubilarse a una edad temprana y recibir beneficios parciales o puede esperar unos cuantos años y obtener una jubilación completa.

La edad para recibir la jubilación completa era de 65 años. Pero como la expectativa de vida actual es más alta, la ley de Seguro Social se enmendó en 1983 para aumentar la edad de jubilación completa a los 67 años. Éste es un cambio gradual que comenzó

El Seguro Social ha elaborado esta tabla para calcular la edad necesaria para recibir beneficios por jubilación completa, según su fecha de nacimiento.	Año de nacimiento	Edad de jubilación completa
	1937 o antes	65
	1938	65 y 2 meses
	1939	65 y 4 meses
	1940	65 y 6 meses
	1941	65 y 8 meses
	1942	65 y 10 meses
	1943-1954	66
	1955	66 y 2 meses
	1956	66 y 4 meses
	1957	66 y 6 meses
	1958	66 y 8 meses
	1959	66 y 10 meses
	1960 y después	67

a aplicarse en el 2003 y afecta concretamente a quienes nacieron a partir de 1938.

Si una persona comienza a recibir beneficios por jubilación a los 62 años (jubilación temprana), la pensión será inferior a la que reciba en caso de jubilación completa. Antes de tomar esta decisión, infórmese bien en la oficina del Seguro Social sobre las ventajas y desventajas de cada alternativa.

Una persona jubilada que recibe beneficios del Seguro Social puede seguir trabajando, sin embargo los beneficios se reducirán si las ganancias exceden ciertos límites, durante el tiempo previo a cumplir la edad de jubilación completa.

Por ejemplo, si la persona es menor que la edad de jubilación completa, se le descuenta $1 de su pensión por cada $2 de ganancias sobre el límite establecido. En el año en que cumpla la edad de jubilación completa, se descuenta $1 de su pensión por cada $3 de ganancias sobre el límite anual, hasta el mes en que cumpla su edad de jubilación completa. Entonces sus ganancias no afectarán la cantidad de sus beneficios mensuales por jubilación, no importa lo que gane.

Tenga en cuenta que un 20 % de las personas que reciben beneficios de Seguro Social tienen que pagar impuestos sobre sus beneficios, sin embargo esto sólo se aplica a quienes tienen ingresos significativos adicionales al Seguro Social.

Los ciudadanos de Estados Unidos pueden ir a otros países sin que se afecte su elegibilidad para beneficios de Seguro Social. Sin embargo, la Administración del Seguro Social advierte que no puede enviar cheques a ciertos países, como Cuba.

Si el beneficiario decide trabajar en el extranjero, se aplican ciertas reglas para determinar si puede recibir cheques del Seguro Social.

Para más información, visite:

 **www.ssa.gov/espanol/10935.html**

Beneficios para sobrevivientes

Como dijimos al principio, el Seguro Social no es solamente un programa de jubilación, también es un tipo de seguro de vida que ayudará a su familia en caso de que el beneficiario muera (siempre y cuando haya trabajado y pagado impuestos del Seguro Social).

El subsidio de Seguro Social para los sobrevivientes se paga a:

- Viuda(o): Recibirá beneficios completos a los 65 años o más (según el año en que naciera) o beneficios reducidos a partir de los 60 años.
- Viuda(o): a cualquier edad, si tiene a su cuidado sus hijos menores de 16 años o incapacitados, que reciben beneficios.
- Hijos solteros, menores de 18 años (o hasta 19 años si van a la escuela elemental o secundaria a tiempo completo). El hijo puede recibir beneficios a cualquier edad si está incapacitado desde los 22 años.
- Bajo ciertas circunstancias, pueden pagarse beneficios a hijastros, nietos o hijos adoptados.
- Padres dependientes mayores de 62 años.
- Excónyuges: Si usted se divorció, su excónyuge puede recibir beneficios bajo las mismas circunstancias que su viuda(o), si su matrimonio duró un mínimo de 10 años. El excónyuge no tiene que cumplir con el requisito de años de matrimonio si tiene a su cargo un hijo suyo menor de 16 años o incapacitado.

También, su cónyuge o hijos menores reciben un pago único de $255 que puede hacerse cuando usted fallezca si ha reunido suficientes créditos de trabajo. Para más información, visite:

 **www.ssa.gov/espanol/10984.html**

Beneficios por incapacidad

Tanto el Seguro Social como el programa del Seguro de Ingresos Suplementarios (*Supplemental Security Income*, SSI) proveen un ingreso mensual para las personas discapacitadas.

El programa de Seguro Social por incapacidad paga beneficios a los trabajadores discapacitados y a sus familias. Este beneficio lo recibe el individuo discapacitado hasta que cumple 65 años, entonces el pago que recibe es por jubilación.

La incapacidad bajo el Seguro Social se entiende como la inhabilidad para trabajar. Una persona está discapacitada cuando no puede realizar el trabajo que hacía antes y no puede hacer otro debido a su condición médica. Para más información, visite:

www.ssa.gov/espanol/10929.html

El programa del Seguro de Ingresos Suplementarios provee una ayuda mensual a las personas con pocos recursos que tienen 65 años o más, o que están ciegas o discapacitadas. Sus fondos provienen de impuestos sobre los ingresos, pero no de impuestos del Seguro Social.

Usted puede reunir los requisitos para recibir el Seguro de Ingresos Suplementarios aun cuando nunca haya trabajado en un empleo en el que tuviera el beneficio del Seguro Social. Sólo se le paga a la persona discapacitada, no a sus familiares.

Para recibir el Seguro de Ingresos Suplementarios, un individuo debe cumplir ciertos requisitos migratorios como:

- Ser ciudadano de Estados Unidos.
- Ciertos no ciudadanos ciegos o discapacitados que residían legalmente en Estados Unidos para el 22 de agosto de 1996 o aquellos que en esa fecha recibían el SSI.
- Aquellos no ciudadanos a quienes se les concedió la

residencia permanente bajo la Ley de Inmigración y Nacionalidad (*Immigration and Nationality Act*, INA) y que han reunido los créditos necesarios.

* Aquellos no ciudadanos que prestan servicio militar o que se retiraron honorablemente, sus cónyuges e hijos dependientes solteros. El cónyuge que no se haya vuelto a casar o hijos solteros de un veterano fallecido también pueden recibir ayuda.
* Inmigrantes cubanos y haitianos que cumplan ciertos requisitos pueden ser beneficiarios por hasta siete años después de que se les concedió el estatus de refugiados.

Comuníquese con su oficina local del Seguro Social para obtener más información sobre quién puede recibir este beneficio. Entre a las pruebas que deberá presentar para demostrar su estatus migratorio, se encuentran:

* Certificado de Nacimiento en Estados Unidos, pasaporte o certificado de naturalización como ciudadano estadounidense.
* Prueba de que prestó el servicio militar (Formulario 214) y de su retiro honorable.
* Prueba de su estatus de no ciudadano, como el Formulario I-94 o I-551 vigente o el fallo de un juez retirando una orden de deportación u otorgándole asilo.

Algunos inmigrantes no ciudadanos pueden recibir beneficios por un período de siete años.

Para más información sobre éste y otros temas relacionados con el Seguro Social, visite el sitio web www.ssa.gov o llame al 1-800-772-1213, podrá hablar con un funcionario en días hábiles, de 7 a.m. a 7 p.m. A otras horas, los fines de semana y festivos, escuchará información pregrabada.

Cupones para alimentos

El *Welfare* es un grupo de programas de bienestar social pensados para ayudar a personas en diferentes circunstancias. Por ejemplo, existe uno destinado a ayudar a aquellas familias cuyos ingresos son inferiores a la suma que se estima suficiente para satisfacer las necesidades mínimas (en el año 2002 era de $17,000 para una familia de cuatro personas; esta suma aumenta en relación al número de miembros de la familia).

También existen programas de asistencia pública complementaria, que se ocupan de personas discapacitadas o ancianos pobres.

Parte de tales ayudas son los *food stamps,* cupones o estampillas para comprar alimentos que benefician a ciudadanos y a residentes legales de Estados Unidos. Éstas son distribuidas por el Programa de Alimentos y Nutrición (*Food and Nutrition Program*) del Departamento de Agricultura.

Para obtener los cupones deberá completar una solicitud que encontrará en la oficina de cupones para alimentos de su ciudad, la cual está ubicada, por lo general, junto a la de bienestar social. Es posible que si los llama, le envíen la solicitud por correo y la pueda devolver por el mismo medio.

Los cupones para alimentos se proveen a personas con pocos recursos para que obtengan alimentos que precisan con el fin de mantener una buena salud. Pueden obtener esta ayuda quienes:

Programa de Alimentos y Nutrición
Food and Nutrition Program

1-800-221-5689 (marque el 2 para español)

www.fns.usda.gov/fsp/
www.fns.usda.gov/fsp/sp-default.htm

- Ganan un salario muy bajo.
- Están desempleados o trabajan a tiempo parcial.
- Reciben asistencia social, como *welfare* o de otro tipo.
- Son ancianos o discapacitados con escasos ingresos.
- Son desamparados, que no tienen hogar.

El programa de cupones para alimentos se realiza a nivel estatal, de modo que las reglas pueden cambiar según donde usted viva. Sin embargo, la cantidad de cupones que puede obtener está basada en el *Thrifty Food Plan* del Departamento de Agricultura de Estados Unidos, que calcula cuánto cuesta adquirir los productos necesarios para que una familia pueda preparar alimentos nutritivos y económicos. Esta cifra se actualiza todos los años, de acuerdo al aumento del costo de la vida.

La cantidad de cupones que recibe una familia dependerá de cuántas personas la conforman y de cuánto dinero queda de sus ingresos después de deducir ciertos gastos. Por lo general, los cupones son un complemento, ya que el beneficiario deberá gastar de su dinero para completar la compra que precisa su familia.

Después de presentar la solicitud lo llamarán para una entrevista y allí revisarán el formulario y le explicarán cómo funciona el programa. Si es aceptado, recibirá los cupones no más tarde de 30 días después de presentar el formulario. Si su caso requiere ayuda inmediata, los puede recibir incluso en siete días.

Los ciudadanos y algunos residentes permanentes con circunstancias específicas pueden beneficiarse de este programa. Quienes no residan de manera permanente en el país, como es el caso de algunos estudiantes, no reúnen los requisitos.

Para más información o para solicitar los cupones, comuníquese con la oficina local, que encontrará en la sección de gobierno local o estatal del directorio telefónico bajo el encabezamiento *Human Resources, Social Services* o *Food Stamps*. Si lo desea, también puede llamar al 1-800-221-5689 para que le den el número telefónico local.

Glosario

Able to work: Apto para trabajar.
Appeal: Apelar.
Application Forms: Formularios, solicitudes.
Apply for: Solicitar (una pensión, un trabajo).
Approved: Aprobado.
Assistance: Ayuda, asistencia.
Assistance Programs: Programas de ayuda.
Attorney: Abogado.
Benefit: Beneficio, pensión.
Children: Se refiere a hijos de ambos sexos. Plural de niños.
Collect benefits: Cobrar o reclamar los beneficios o la pensión.
Coupons: Cupones, estampillas.
Deceased: Difunto.
Dependent Children: Hijos dependientes.
Dependent Parents: Padres dependientes.
Direct Deposit: Depósito directo a su cuenta bancaria.
Disability: Incapacidad.
Disability Benefits: Pensión por incapacidad.
Disqualified: Descalificado, que no reúne los requisitos.
Divorced: Divorciado.
Early retirement: Jubilación anticipada.
Elderly: Anciano.
Eligibility: Que cumple los requisitos para recibir pensiones.
Financial support: Apoyo económico.
Food Stamp Program: Programa de Cupones para Alimentos.
Full Retirement Age: Edad completa de jubilación.
Homeless: Desamparado, persona que no tiene hogar.
Immigrant: Inmigrante.
Improve: Mejora.
Income: Ingresos.
Living expenses: Gastos de manutención.
Low Wages: Salario bajo.
Low-Income: Bajos ingresos.
Married: Casado.
Medical Records: Historial médico.
Noncitizens: No ciudadanos.
Payment: Pago.
Pensions: Pensiones.
Proof of: Prueba de.
Public Assistance: Ayuda o asistencia pública.
Qualify: Reunir los requisitos para recibir una pensión.
Recipient: Persona que recibe los beneficios o pensiones.
Relative: Pariente.
Representative: Representante.
Retirement: Jubilación.
Review: Revisión.
Separated: Separado (estado civil).
Sign up: Inscribirse.
Single person: Soltero.
Social Security: Seguro Social.
Social Security Disability Insurance: Seguro de incapacidad del Seguro Social.
SSI Benefits: Beneficios del Seguro de Ingresos Suplementarios.
Supplemental Security Income (SSI): Seguro de Ingresos Suplementarios.
Unable to work: No apto para trabajar.
Unemployed: Desempleado.
Unremarried: Que no se ha vuelto a casar.

En resumen...

Tres años después de redactarse la Constitución se añadieron diez enmiendas que son llamadas *The Bill of Rights*.

Los ciudadanos de Estados Unidos cuentan también con los derechos civiles, que son una protección contra la discriminación por parte del gobierno y de otros individuos.

No se puede sufrir discriminación por razón de raza, sexo, religión, país de origen, discapacidad física o preferencia sexual. Esto se aplica en ofertas de trabajo, salarios, educación, programas federales, etc.

Si por algún motivo algún día tuviera problemas con la ley, debe saber que las autoridades no pueden detener a un individuo sin presentar cargos, ni tampoco mantenerlo incomunicado a menos que vaya a presentarse ante un juez.

El gobierno ofrece dos tipos de programas de ayuda de bienestar social: programas de seguridad social y programas de asistencia pública.

El Seguro Social, que otorga pensiones de jubilación, también es un tipo de seguro de vida que ayudará a la familia en caso de que el beneficiario muera o se encuentre discapacitado y no pueda trabajar.

El *Welfare* es un grupo de programas de bienestar social pensados para ayudar a personas en diferentes circunstancias.

Los *food stamps* son cupones o estampillas con los que podrá comprar alimentos y de los cuales se benefician ciudadanos y residentes legales de Estados Unidos.

Vivienda

El segundo gran paso que deberá dar el recién llegado (el primero fue emigrar), es buscar un lugar donde vivir. Alquilar una vivienda es una opción práctica mientras se familiariza con su entorno, pero comprar una casa es un sueño que está más al alcance de su mano de lo que se imagina. Con un historial de crédito y un empleo, puede aspirar a adquirir su propia vivienda. En el mercado abundan compañías que ofrecen préstamos y seguros. Una vez se mude, deberá conectar los servicios públicos, un trámite relativamente sencillo. Lo que no resulta tan sencillo es su factura telefónica; en este capítulo le indicaremos qué es lo que le cobran y de qué debe cuidarse.

En busca de vivienda

Quizás al llegar a este país lo reciban en casa de un familiar o amigo. Ahora el siguiente paso es buscar un lugar donde vivir. La elección depende de sus circunstancias personales, si viene solo, con familia, si desea compartir la vivienda con alguien más (un *roommate*), si necesita un lugar pequeño o amplio, cuánto puede gastar cada mes, etc.

Por eso, antes de salir a buscar una vivienda, debe definir qué es lo que necesita: una habitación, un estudio, un apartamento (llamado *condominium* cuando es comprado), una vivienda adosada o *townhouse* (una casa pequeña unida por su construcción a otras similares) o una casa (*single family home*). De ésta, determine el número de dormitorios (*bedrooms*), baños (*bathrooms*) y otras habitaciones como sala de estar (*livingroom*), comedor (*diningroom*), cocina (*kitchen*), etc.

> Antes de elegir una vivienda, haga una lista de lo que quiere y necesita: tamaño, presupuesto, ubicación. Esto hará más fácil la búsqueda.

Luego, dónde sería más conveniente establecerse: cerca de la escuela de los niños, del lugar de trabajo, de otros familiares. Haga una lista de lo que quiere y necesita. En cuanto al precio del alquiler, hay quienes recomiendan que separe entre un 25 % y un 30 % de sus ingresos para pagar la vivienda.

Si va a alquilar, los complejos residenciales de viviendas de alquiler tienen por lo general una oficina que se encarga del papeleo y los trámites. También puede alquilar de manera privada y directamente con el dueño del inmueble. Busque anuncios de la bolsa inmobiliaria en el periódico y coja las revistas especializadas que se distribuyen en los supermercados. También puede solicitar la ayuda de un agente de bienes raíces, el cual se encargará no sólo de buscar y mostrarle las propiedades que se ajusten a sus necesidades, sino que también se ocupará de todos los trámites que conlleve el alquiler.

Una vez que encuentre la vivienda, deberá firmar un contrato que por lo general será de un año, renovable si ambas partes así lo desean. Por lo general, al firmar tendrá que pagar una suma correspondiente a tres meses de alquiler (el primer y último mes del contrato, más un mes de depósito por si hay daños o reparaciones que hacer cuando se marche).

El Departamento de Vivienda y Desarrollo Urbano tiene programas que ofrecen asesoría sobre diferentes temas relacionados con la vivienda, como alquiler, compra, hipotecas, etc. Puede comunicarse con ellos, llamando al:

 **1-800-569-4287**

o visitando:

 **http://espanol.hud.gov/**

¿Comprar o alquilar?

Una de las preguntas a las que se enfrenta mucha gente es si debe comprar o alquilar la vivienda. Ésta no es una pregunta descabellada, pues con todos los depósitos que debe entregar cuando alquila, casi que podría reunir la cuota inicial para conseguir un préstamo o hipoteca. La respuesta depende de sus circunstancias personales. Piense en las satisfacciones y la tranquilidad que ofrece el ser propietario, además de que gozará de otros beneficios, entre ellos el poder deducir los intereses del préstamo hipotecario en su declaración de impuestos. Esto es sumamente importante, ya que los intereses constituyen casi la totalidad del pago mensual durante más de la mitad de los años de la hipoteca. Además, al comprar hace una inversión para el futuro: si la propiedad se revaloriza, al venderla obtendrá una ganancia; también puede hipotecarla para obtener préstamos.

No es mala idea alquilar al llegar a una ciudad. De esta forma podrá conocerla mejor y decidir con más tiempo el lugar que le sea más conveniente para comprar una residencia.

Existen muchos programas federales de hipotecas para personas que tienen malos antecedentes de crédito y/o no tienen mucho dinero para dar una entrada. Si ese es su caso, es bueno que se ponga en contacto con el Departamento de Vivienda del estado en el que reside para que le expliquen cuáles son sus opciones.

En las Agencias de Asesoría sobre Vivienda que patrocina el Departamento de Vivienda y Desarrollo Urbano le darán más información. Para localizar una que esté cercana a usted, llame al:

1-800-569-4287

También puede encontrar más información en su sitio web:

http://espanol.hud.gov/offices/hsg/s fh/hcc/hccprof14.cfm

Si va a comprar

Comprar una vivienda es un paso muy importante, y parte fundamental del "sueño americano".

Aunque la compra de una casa es un proceso que puede llevar a cabo sin asesoría profesional, es aconsejable contar con un corredor o agente de bienes raíces (*realtor*), ya que le va a ahorrar mucho tiempo y, quizás, dinero. Esta persona conoce el negocio y sabe detalles que usted ni se imagina. Además de enseñarle casas que se ajusten a su presupuesto, lo guiará durante todo el proceso de compra y estará a su lado hasta que cierre totalmente el negocio. Lo mejor es que usted, como comprador, no tendrá que pagarle al agente, ya que éste obtiene una comisión que paga directamente el vendedor de la propiedad (que normalmente es del 6 %). Por lo tanto, contar con un agente de bienes raíces es más que aconsejable.

Buscar un préstamo es como comprar cualquier otra cosa importante: le ofrecerán diferentes costos e intereses, y de una compañía a otra podrá ahorrar dinero. Busque diferentes opciones antes de decidirse por una.

Préstamos e hipotecas

El dinero que precisa para adquirir una vivienda depende de varios factores, entre ellos el costo de la propiedad y el tipo de hipoteca. En términos generales, necesitará suficiente dinero como para cubrir el depósito que entregue cuando presente una oferta (cantidad que le devolverán si no la aceptan), como muestra de la firmeza del negocio que va a realizar; la cuota inicial, o entrada, que es un porcentaje del costo de la vivienda; y los gastos de cierre, es decir los costos de generar la hipoteca. Cuanto más dinero ponga de cuota inicial, menores serán los pagos de la hipoteca. Existen diferentes tipos de hipotecas:

* La hipoteca con tasa de interés fijo (*Fixed Rate Mortgage*), en la que el interés será el mismo durante la vida del préstamo, que usualmente es de 30 años.
* Hipotecas con tasa de interés ajustable (*Adjustable Rate Mortgage*, ARM), en las que la tasa de interés y los pagos mensuales normalmente comienzan por menos que la hipoteca con tasa de interés fijo, pero la tasa y el pago pueden subir o bajar con una frecuencia de una o dos veces por año. El ajuste está ligado a un índice financiero, como el Índice de Valores del Tesoro de Estados Unidos.
* El Departamento de Vivienda y Desarrollo Urbano cuenta con un programa que le permite dar una cuota inicial de hasta un 3 % y, a veces, menos. Este programa se llama FHA y no concede préstamos, sino que los asegura, de manera que si los compradores dejan de pagar por algún motivo, los prestamistas recibirán su dinero.

Para adquirir un préstamo acuda a una institución que se dedique a ello, como un banco, una cooperativa, una empresa hipotecaria privada o hasta el gobierno estatal. Por lo general deberá llevar, entre otros documentos, estados de cuenta bancarios recientes, una lista de las transacciones de las tarjetas de crédito, una lista de otras deudas (como de automóvil), copia de las dos últimas declaraciones de impuestos, el formulario que viene adjunto a su cheque de salario y responder con honradez a las preguntas que le formule el prestamista.

Buscar un préstamo es como comprar cualquier otra cosa importante: le ofrecerán diferentes costos e intereses, y de una compañía a otra podrá ahorrar dinero. Busque diferentes opciones antes de decidirse por una. Analice los beneficios a corto y largo plazo.

El proceso de aprobación de su solicitud toma un tiempo de entre tres y seis semanas.

Al ser propietario, además del pago mensual de la hipoteca,

deberá pagar servicios como agua, luz y teléfono; asimismo es probable que tenga que pagar cuotas de mantenimiento a la asociación de propietarios del vecindario.

Por lo general, su pago mensual de hipoteca incluye el pago del préstamo, el pago de los intereses, el seguro que protege la propiedad y los impuestos (éstos dos últimos conceptos se conocen como *escrow*). La mayoría de los préstamos hipotecarios se otorgan por 30 años, aunque también los hay disponibles por 20 y 15. Debido al modo en que están estructurados los préstamos, en los primeros años el pago mensual cubrirá casi exclusivamente los intereses, y en los últimos años, el capital (*principal*).

Listo para comprar

Una vez encuentre la propiedad que más se ajusta a sus necesidades y gustos, entonces debe presentar una oferta. Por lo general, el vendedor pedirá algo más que el precio al que la quiere vender para tener un margen de negociación. El agente de bienes raíces o la institución con la que está gestionando el préstamo le pueden facilitar un análisis de precios comparativos (*Comparative Market Analysis*), es decir un listado con los precios de las propiedades similares a la que desea comprar, que se hayan vendido recientemente, de manera que usted cuente con

Departamento de Vivienda y Desarrollo Urbano
US Housing and Urban Development Department

(202) 708-1112

451 7th Street S.W.,
Washington, DC 20410

http://espanol.hud.gov/index.html

una referencia a la hora de presentar la oferta. Una vez lo haga, el vendedor tiene varias opciones: aceptarla, rechazarla o negociarla, si esto último ocurre, el comprador tiene entonces la opción de aceptar o rechazar. Cuando vendedor y comprador llegan a un acuerdo, firman un contrato de venta y se presenta el depósito.

La inspección

Una vez que haya conseguido casa y préstamo, llevará a cabo una inspección de la propiedad para luego pasar al famoso cierre, que es la culminación y formalización de la compra.

El *walkthrough,* o inspección es un procedimiento mediante el cual el nuevo propietario verifica el estado en que se encuentra la propiedad, sea nueva o usada.

Aproveche esta oportunidad para hacer las preguntas que crea pertinentes, por ejemplo, cómo funcionan los electrodomésticos, qué tipo de mantenimiento requiere el jardín, el aire acondicionado, la calefacción, los pisos, etc. Si la casa es nueva, pida los papeles de garantía de los electrodomésticos y las instrucciones de uso.

Observe todo con cuidado, revise, pruebe, pregunte. Hay miles de detalles que pueden dar problemas y es imposible revisarlos todos, pero debe procurar cubrir por lo menos las áreas más importantes como aparatos eléctricos y plomería, así como los techos y la estructura de la casa. Es aconsejable que antes de la inspección redacte una lista de lo que hay que verificar. No olvide probar los grifos del agua, los electrodomésticos y las tomas eléctricas.

Si la casa es nueva, el constructor está en la obligación de reparar cualquier cosa que no esté en perfecto estado (siempre y cuando sea razonable).

Si la casa es usada, le vendría bien contratar los servicios de un inspector, que revisará la propiedad incluso antes de que se presente una oferta (si el vendedor accede), para poder encontrar esos daños que no son evidentes, como los de plomería o hasta los producidos por termitas.

El cierre

La formalización de la compraventa de una propiedad es el cierre, cuando se reúnen el comprador, su agente, el agente del vendedor, posiblemente el vendedor y un agente de cierre. El agente de cierre tendrá los documentos que requieran su firma así como la del vendedor. Aunque le den una explicación básica de cada papel, quizá usted desee tomarse un tiempo para leerlos uno por uno y/o consultar con el agente a fin de asegurarse de que sabe exactamente lo que está firmando.

Antes de llegar al cierre, se le exige al prestamista que le entregue una explicación detallada de los costos de cierre, un cálculo de buena fe de la cantidad de efectivo o en cheque de caja que tendrá que entregar en el cierre y una lista de documentos que necesitará llevar consigo.

Muchas personas prefieren realizar este trámite con la asesoría de un abogado especializado en bienes raíces.

El seguro para la vivienda

El precio de una póliza de seguros para su propiedad varía, de acuerdo con una serie de factores que van desde el tipo de póliza y la compañía aseguradora que la expide, hasta el tipo de cobertura que usted desea obtener, que no sólo protege la estructura, sino el contenido.

Compañías aseguradoras hay muchas, su tarea entonces es consultar varias, ver qué le ofrecen y elegir la que más le convenga.

Recuerde que si usted llega al cierre y no tiene una póliza, el banco o la entidad financiera está en su derecho de imponer un seguro, y el precio será por lo general más alto del que usted pudiera conseguir por su cuenta.

Busque en el directorio telefónico, pídale referencias al agente de bienes raíces o busque en Internet bajo *homeowners insurance*. Al hacer una elección, no se guíe por quién le ofrece el precio más bajo. Lo que tiene que buscar es un precio justo, calidad y servicio. De nada le servirá pagar una póliza barata si su propiedad no está bien protegida o si hacer un reclamación se convierte en una verdadera pesadilla.

> De nada le servirá pagar una póliza barata si su propiedad no está bien protegida o si hacer un reclamación se convierte en una verdadera pesadilla.

La primera manera de ahorrar es tener una cantidad deducible (*deductibles*), que es la suma que, en caso de una reclamación, usted deberá desembolsar antes de que el seguro se haga cargo del resto. Por ejemplo, si su deducible es de $500 significa que en caso de que deba hacer una reclamación por $3.000, deberá pagar $500 y el seguro se hará cargo de los $2.500 restantes. Cuanto más alto sea el deducible, más ahorra en su póliza.

Lo seguros varían según el lugar donde esté localizada su propiedad. Por ejemplo, en la costa este del país deberá obtener un seguro contra tormentas y por lo general éste tendrá un deducible aparte. Igual ocurre con zonas en las que hay riesgo de terremotos, como ocurre en la costa oeste, o inundaciones.

Mucha gente asegura la propiedad por el costo total de la misma, sin pensar que en ese precio está incluido el costo del terreno. Lo que debe asegurar es el costo de reconstruir la propiedad ya que difícilmente perderá el terreno en sí.

Pregúntele a la compañía de seguros qué recomendaciones le pueden dar para proteger mejor su propiedad y obtener descuentos en la póliza; por ejemplo, si vive en la costa este puede instalar paneles metálicos que protejan las ventanas y puertas, en caso de tormenta o huracán. O si vive en una zona proclive a terremotos, podría reforzar la propiedad.

Tal vez obtendría descuentos si instalara alarmas contra robos e incendios. Sin embargo, antes de llevar a cabo cualquier mejora, consulte con su seguro.

Servicios

Tan pronto como se mude, debe mandar a instalar los servicios básicos: agua (que por lo general incluye alcantarillado y recogida de basura), luz, gas, teléfono, cable y servicio de Internet.

El procedimiento es sencillo una vez identifique las compañías que proveen lo que necesita. El agente de bienes raíces le podrá suministrar información sobre a quién debe acudir, o también puede pedirles información a los vecinos. Es posible que si no ha sido cliente de estas compañías de servicios públicos, le exijan un depósito inicial.

Para algunas personas resulta confusa la manera como funciona la compañía de teléfonos. En Estados Unidos es común tener una compañía para sus llamadas locales y otra para las llamadas de larga distancia.

La compañía local le ofrecerá tarifas diversas de acuerdo con el plan y los servicios que elija. Pida la información pertinente y escoja la compañía que más le convenga.

Además de pagar por esos servicios, hay otros pagos estándar que aparecerán en su factura telefónica. Los más comunes son:

- 911: Ayuda con la que se paga por los servicios de emergencia como bomberos y paramédicos.
- *Federal Excise Tax*: Es del 3 % y lo impone el gobierno

federal a los servicios de telecomunicaciones.

* *Subscriber Line Charge*: Cubre los costos de las redes telefónicas locales. También se conoce como *"FCC Charge for Network Access"*, *"Federal Line Cost Charge"*, *"Interstate Access Charge"*, *"Federal Access Charge"*, *"Interstate Single Line Charge"*, *"Customer Line Charge"* o *"FCC-Approved Customer Line Charge"*.
* *Local Number Portability Charge* (LNP): Es un pago que permite a los clientes conservar el mismo número telefónico cuando, sin mudarse, cambian de compañía telefónica.
* *State and Local Municipal Tax* o *gross receipts tax*: Es un impuesto de bienes y servicios que cobra el gobierno estatal, local o municipal.
* *Subscriber Line Charge*: Compensa a la compañía telefónica local por parte del costo de proveer líneas locales para servicios estatales, como larga distancia interestatal.
* *Telecommunications Relay Services Charge*: Es un cargo estatal que ayuda a pagar por los servicios especiales para personas con limitaciones auditivas o del lenguaje.
* *Universal Service Fund* (USF) o *Universal Connectivity Fee*: Este cargo ayuda a llevar el servicio telefónico a todos los habitantes del país, a precios razonables.

La Comisión Federal de Comunicaciones (FCC, por sus siglas en inglés), les exige a las compañías telefónicas que las cuentas que les envíen a sus clientes sean claras y organizadas, identifiquen al proveedor de los servicios que se estén cobrando, indiquen si hay algún proveedor nuevo (por ejemplo de larga distancia) y desde cuándo, describan los cargos, identifiquen los cargos que de no ser pagados no conlleven la desconexión del servicio telefónico, tengan un número gratuito de servicio al cliente (si el recibo le llega por correro electrónico, debe incluir un sitio web para obtener información), y estandaricen el nombre de los diferentes cargos, como por ejemplo los que enumeramos en el párrafo anterior. Para más información, visite el sitio web de la FCC:

 **www.fcc.gov**

La FCC también recomienda al consumidor tomar precauciones para protegerse de cargos arbitrarios y ahorrar dinero. Entre otros consejos, la comisión sugiere:

- Revisar cuidadosamente la factura telefónica todos los meses, tal cual lo hace con sus extractos bancarios o de tarjeta de crédito.
- Si no entiende algún cargo, llame a la compañía de teléfonos para que se lo expliquen.
- Asegúrese de que le están cobrando lo que es y que tales cargos no varíen de mes a mes.
- Anote los cargos por servicios adicionales que autorizó y utilizó, como llamadas a líneas 900, llamadas por cobrar, etc.
- Lea cuidadosamente todos las ofertas de promoción y contratos antes de firmarlos.
- Si cree que le están cobrando demasiado por el servicio o éste no es lo que esperaba, póngase en contacto con otras compañías para obtener lo que busca, si es que hay otras que presten sus servicios en la zona donde reside.

Líneas 800

Las líneas gratuitas o *toll-free numbers* son aquellas que tienen el indicativo 800, 888, 877 ó 866. Estas líneas le permiten al usuario llamar sin incurrir en gastos, ya que la llamada la paga el propietario de la línea que por lo general es un negocio, aunque también puede tratarse de un individuo.

Si usted necesita un número 800, puede solicitar la información que precisa en el 1-800-555-1212.

Líneas 900

Existen otras líneas que no son gratuitas; por el contrario, le ofrecen servicios que usted paga en su factura telefónica. Estas líneas, que son las 900 o *Pay-Per-Call*, conllevan un costo mayor que el de la simple llamada. Ejemplos de este tipo de líneas son los servicios para adultos y los consejos de futurólogos.

Los costos de estas llamadas aparecen en la factura telefónica del teléfono desde donde se efectuó la llamada.

La FCC ha recibido tantas quejas relacionadas con este tipo de líneas, que ha implantado estrictas leyes para controlar los negocios que ofrecen tales servicios y toma medidas para proteger al consumidor, por ejemplo:

- No se puede desconectar el servicio de teléfono a quienes no paguen sus llamadas a líneas 900.

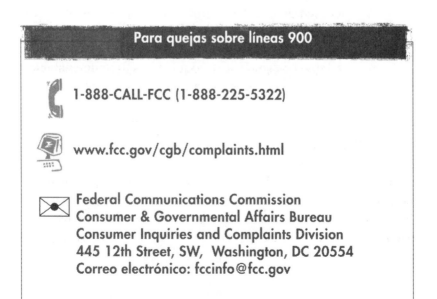

Para quejas sobre líneas 900

1-888-CALL-FCC (1-888-225-5322)

www.fcc.gov/cgb/complaints.html

Federal Communications Commission
Consumer & Governmental Affairs Bureau
Consumer Inquiries and Complaints Division
445 12th Street, SW, Washington, DC 20554
Correo electrónico: fccinfo@fcc.gov

- Las compañías de teléfonos deben ofrecer la opción de bloquear el acceso a las líneas 900.
- Tales llamadas deben aparecer en un segmento aparte de las llamadas ordinarias y las de larga distancia.
- Los números gratuitos (como líneas 800) no se pueden utilizar para iniciar ni transferir llamadas a las 900.

Recuerde que siempre que marca un número 900, aunque sea para reclamar un premio que ganó, le van a cobrar la llamada. Si decide llamar, escuche con atención la introducción y cuelgue si no está interesado en el programa o no desea pagar los cargos.

Tarjetas telefónicas

Las tarjetas telefónicas prepagadas o *pre-paid phone cards,* son tarjetas que una persona puede adquirir por un precio fijo (ya sea de $5, $10, etc.) con un determinado número de minutos, y que puede utilizar en sus llamadas de larga distancia.
La ventaja de estas tarjetas es que son utilizables desde cualquier teléfono, y como están pagadas con anticipación, las llamadas no son cargadas a su factura telefónica. Sin embargo, si las utiliza desde un teléfono público, le descontarán minutos adicionales, y si lo hace desde un hotel, por ejemplo, deberá pagar al establecimiento por el uso de la llamada local.
Las tarjetas telefónicas se pueden adquirir casi que en cualquier lugar, como supermercados, tiendas, oficinas de correos, gasolineras, etc.
Las tarifas que ofrecen las tarjetas son por lo general más baratas que las que ofrece la compañía de larga distancia.
En la tarjeta encontrará impresa una contraseña o clave (PIN) y una lista de los números locales de acceso. Primero deberá llamar a este número local (algunas ofrecen números 800 pero le descuentan más minutos por usar este servicio), entonces una grabación le pedirá que marque su contraseña, luego le dirá

cuántos minutos tiene disponibles y le pedirá que marque el número adonde desea llamar (con el indicativo de larga distancia, 011 y luego el del país, ciudad y número telefónico), antes de conectarlo, le indicará cuántos minutos puede hablar a ese destino.

Tenga en cuenta que muchas tarjetas tienen fecha de vencimiento. Algunas caducan uno o dos meses después de haber sido activadas. Las hay que ofrecen mejores tarifas en ciertos días y a ciertas horas o que cobran más si llama a teléfonos celulares.

Por las diferentes restricciones que pudieran existir, es bueno que lea la letra menuda y si tiene alguna pregunta o problema, llame al teléfono de servicio al cliente que aparece impreso en la tarjeta.

Televisión

Si la recepción de los canales de televisión que llegan a su hogar no es la mejor, es probable que deba suscribirse a un servicio de televisión por cable o por satélite.

Los precios de estos servicios variarán según la ciudad y el lugar donde viva, y el tipo de canales que desee recibir.

Es probable que si vive en un edificio o complejo residencial, el servicio de televisión por cable esté incluido en el precio de alquiler o de mantenimiento del inmueble.

Si debe suscribirse directamente a la compañía de cable, verifique si hay varias que prestan el servicio en su área y cuál ofrece la mejor opción. Existe la posibilidad de que una compañía de cable tenga la exclusividad de la zona en que usted reside y por lo tanto no le deje más opciones, fuera de un satélite.

Si se decide por esta última opción, infórmese de qué restricciones hay en el sitio donde vive, ya que algunos complejos residenciales tienen normas sobre este tema.

Glosario

Access Numbers: Números de acceso.
Adjustable Rate Mortgage, ARM: Tasa de interés variable.
Appraisal: Evaluación.
Approval: Aprobación.
Back Yard: Patio.
Bathroom: Baño.
Bedroom: Dormitorio.
Budget: Presupuesto.
Buy: Compra.
Calling card: Tarjeta de llamadas telefónicas.
Closing: Cierre (de un negocio).
Commission: Comisión.
Comparative Market Analysis: Análisis comparativo de precios.
Condominium: Condominio.
Contract: Contrato.
Counter offer: Contraoferta.
Deductibles: Deducible, suma que debe pagar una persona antes de que su seguro pague el resto, franquicia.
Deposit: Depósito, suma que se entrega para separar algo que se va a comprar.
Down Payment: Cuota inicial, entrada.
Earthquake: Terremoto.
Equity: Plusvalía.
Family Room: Sala de estar.
Filing a claim: Presentar una reclamación (ante la aseguradora).
Fixed Rate Mortgage: Tasa de interés fijo.
Flood insurance: Seguro de inundaciones.
Half bath: Baño que consiste en un retrete y un lavabo (sin ducha).
Homeowners: Propietarios.
Income: Ingresos.
Inspection: Inspección.

Insurance: Seguro.
Interest: Interés.
Kitchen: Cocina.
Landlord: Casero, arrendador de una propiedad.
Laundry room: Lavandería.
Livingroom: Sala.
Loan: Préstamo.
Long distance: Larga distancia.
Mortgage: Hipoteca.
Offer: Oferta.
Pay-Per-Call: Pague por llamada, se refiere a las líneas 900.
Phone: Teléfono.
PIN: *Personal Identification Number*, contraseña.
Policy: Póliza.
Power: Electricidad.
Pre-Approval: Preaprobación.
Principal: Suma de un préstamo que no incluye los intereses.
Qualify: Reunir los requisitos para, por ejemplo, recibir un préstamo.
Rates: Tasas.
Real State: Bienes raíces.
Realtor: Corredor de bienes raíces.
Rent: Alquilar, arrendar.
Room: Habitación.
Roommate: Compañero de habitación o residencia.
Sell: Vender.
Single Family Home: Casa unifamiliar.
Studio: Estudio, habitación con cocina y baño.
Tenant: Inquilino.
Toll Free: Número al que se puede llamar gratuitamente.
Townhouse: Casa adosada.
Walk-Through: Inspección de una propiedad.

En resumen...

Una vez que haya encontrado la vivienda que desea alquilar, deberá firmar un contrato que por lo general será de un año, renovable si ambas partes lo desean. En el momento de la firma, lo habitual es pagar una suma equivalente a tres meses de alquiler.

Si precisa un préstamo o hipoteca para comprar una vivienda, debe buscar diferentes opciones antes de decidirse por una. Analice los beneficios a corto y a largo plazo.

Buscar un préstamo es como comprar cualquier otra cosa importante: le ofrecerán diferentes costos e intereses, y de una compañía a otra podrá ahorrar dinero.

El *walkthrough* o inspección es un procedimiento en el que el nuevo propietario verifica el estado en que se encuentra la propiedad, sea nueva o usada.

El precio de una póliza de seguros para su propiedad varía, de acuerdo con una serie de factores, desde el tipo de póliza y la compañía que la expide, hasta el tipo de cobertura que usted desea obtener.

Tan pronto como se mude, debe mandar instalar los servicios básicos: agua (que por lo general incluye alcantarillado y recogida de basura), luz, gas, teléfono, cable y servicio de Internet.

Las tarjetas de llamadas prepagadas o *pre-paid phone cards* son tarjetas que una persona puede adquirir por un precio fijo (ya sea de $5, $10, etc.) con un determinado número de minutos, y que puede utilizar en sus llamadas de larga distancia.

Transporte

En las grandes ciudades estadounidenses hay muy buenos servicios de transporte público, pero en otras ciudades más pequeñas el automóvil es una necesidad. A la hora de comprar un vehículo tendrá miles de opciones para escoger. En este capítulo le explicaremos algunas ventajas y desventajas de comprar un auto nuevo o uno usado, le explicamos qué es la matrícula o registro y en qué consiste el seguro automovilístico. Asimismo, ya que tiene el privilegio de conducir, cuidese mucho de no hacerlo después de tomarse unas copas, además de que en este país ese es un delito muy serio, no vale la pena poner en riesgo su vida y la de los demás.

El automóvil: una necesidad

A no ser que viva en una ciudad grande con un buen sistema de transporte público, se verá en la necesidad de adquirir un automóvil, pues en la mayoría de las ciudades de Estados Unidos, más que un lujo, el vehículo es una necesidad.

La siguiente pregunta es ¿qué tipo de auto debe comprar? Obviamente todo depende de su presupuesto y de su crédito. Una vez defina cuánto puede gastar, ya sea para comprarlo al contado u obteniendo un préstamo para pagarlo a plazos, deberá decidir qué tipo de vehículo necesita.

Pero antes de estacionarlo frente a su casa, compare autos nuevos y usados, y sopese los pros y los contras de ambas opciones.

> Cuando acuda a comprar un auto, no tenga miedo de hacer una oferta y negociar el precio. Se sorprenderá de los descuentos que puede llegar a obtener.

Auto nuevo

Adquirir un auto nuevo, si su bolsillo se lo permite, reporta muchos beneficios, además del gusto de estrenarlo. Los automóviles nuevos vienen con garantía de fábrica y posiblemente no le den problemas durante los primeros años. Las garantías se ofrecen por un determinado número de años o por cierto número de millas, cualquiera sea el total que acumule primero. Las hay por ejemplo de siete años o 70,000 millas, y hasta de 10 años o 100,000 millas; esto es gracias a que los fabricantes compiten entre sí para ofrecerles a sus clientes la opción más atractiva. Las condiciones de estas garantías varían, de manera que deberá averiguar exactamente qué es lo que cubren y qué beneficios adicionales obtendría, como por ejemplo asistencia en la carretera.

> Los préstamos para comprar un auto son de interés simple, es decir, que paga interés sobre el balance que tiene.

Para comprar un automóvil nuevo deberá acudir a un concesionario. Seguramente habrá varios en su ciudad. Esto es una gran ventaja si es usted un buen negociante. El precio de los autos no es fijo, de manera que usted puede solicitar descuentos y hacer ofertas. Si el automóvil es nuevo, podrá elegir qué accesorios adicional desea incluir, lo que a su vez incrementará el precio. Por ejemplo un auto automático le costará más que uno de transmisión mecánica; también le cobran más por detalles como cierres y elevalunas eléctricos, techo corredizo, asientos de cuero, etc. Y ya no hablemos de las diferencias de motor, aire acondicionado y hasta de color. Todo ello es tema de negociación. No acuda a un único concesionario, visite varios, compare precios y póngalos a competir entre ellos (esto también aplica a los autos usados). Si un concesionario le ofrece un buen precio, pídale que se lo dé por escrito de forma que esto le sirva como arma de negociación con otro, y también como garantía de que no le van a cambiar el precio mientras se decide.

Una vez llegue a un acuerdo, viene la financiación. Los concesionarios por lo general tienen su propia oficina de préstamos o trabajan en sociedad con una compañía de este tipo. Usted no está en obligación de obtener el préstamo a través de ellos, puede acudir a un banco, a una cooperativa (*credit union*) o pagar al contado. Es bueno que sepa que los intereses de un préstamo para adquirir un auto nuevo son por lo general inferiores a los que tendría que pagar por uno usado.

Los préstamos para comprar un vehículo ofrecen un interés simple, es decir, que paga interés sobre el balance que tiene. La vida de este tipo de préstamos es por lo general de tres a cinco años, pero igual puede ser de menos años como de más. Hay quienes ofrecen préstamos hasta a siete años. Cuantos más años tenga el préstamo, menos deberá pagar de cuota mensual.

Recuerde que en Estados Unidos un auto se deprecia rápidamente, así que no se extrañe de que en algún momento durante la vida del préstamo, deba más de lo que vale el automóvil. Por lo mismo, la diferencia entre el precio de un auto nuevo y uno usado con uno o dos años puede llegar a ser de miles de dólares.

Vehículos usados

Los autos usados también se pueden adquirir en concesionarios o en negocios que se dediquen a la reventa, así como directamente del dueño.

Por lo general, los concesionarios cuentan con vehículos en buen estado y que han pasado inspecciones; hasta puede que le ofrezcan (o puede adquirir) garantías o planes de servicio.

Si desea comprar un auto, visite diferentes concesionarios y busque los anuncios de la prensa para así comparar precios y condiciones. Déjele saber a uno lo que le ofrece otro, de manera que compitan entre sí para que usted se beneficie del mejor precio. Muchos vendedores se rigen por la premisa de venderle un vehículo por lo máximo que pueda obtener de usted, así que no repare en hacer una oferta y negociar.

Con frecuencia, las compañías de alquiler de vehículos venden los modelos que ya no utilizan. Se trata de automóviles de unos dos años de antigüedad; una opción que vale la pena explorar.

Muchas personas deciden vender su auto directamente, colocando avisos o publicando anuncios en la prensa. Sin embargo, esto no significa que esté comprando a buen precio. Compare siempre. Al comprar directamente del dueño anterior no obtendrá ningún tipo de garantía; tampoco espere que estas personas le ofrezcan financiación.

Existe una guía llamada "Black Book" (Libro negro), en la que se establece el precio de un auto usado según la marca, el modelo, el año, el millaje y estado de conservación. Seguramente su banco le podrá facilitar la información. En diferentes sitios de Internet también prestan este servicio; haga una búsqueda por "cars", "cars for sale", "used cars", y averigüe entre qué precios oscila el automóvil que desea o que está pensando comprar.

Si se decide por uno usado, localice a un mecánico de confianza que lo revise para detectar problemas mecánicos y ver si el auto ha sufrido algún accidente. Incluso existen compañías especializadas en recopilar la historia de todos los vehículos. Haga la búsqueda en Internet bajo *"Vehicle History"*, allí encontrará estas compañías, algunas de las cuales ofrecen una historia general gratuitamente; si desea obtener más detalles, le harán pagar por el servicio. Lo único que necesita proveerles es el número de identificación del vehículo o VIN (*Vehicle Identification Number*), que consta de una combinación de 17 números y letras, y que podrá ver desde el exterior del auto, en la parte inferior izquierda del cristal delantero.

Alquiler de vehículos

El *lease,* o arrendamiento de autos, es una práctica común, sobre todo entre aquellas personas que cambian de automóvil con frecuencia.

El pago mensual será inferior al pago de una letra, pero esto no significa que sea mejor negocio para usted.

En primer lugar, deberá establecer su capacidad crediticia. En segundo, deberá pagar una suma para iniciar el *lease*, y en tercero, deberá someterse a varias restricciones, por ejemplo, tendrá derecho a cierto millaje anual (unas 10 a 12 mil millas), pero al término del contrato deberá pagar por cada milla que se exceda del límite y el auto deberá estar en las mismas condiciones en que se lo dieron.

Al final del contrato, usted tendrá la opción de devolver el vehículo o de comprarlo, y no siempre obtendrá el mejor precio.

El registro

Una vez que adquiera el auto, deberá conseguir el registro, popularmente conocido como la "registración" (*registration*), que es el documento y el proceso de registrar su auto ante el Departamento de Vehículos (*Department of Motor Vehicles*). Para ello deberá presentar el título de propiedad del auto, el recibo de compra, su licencia de conducir y del seguro.

El Departamento de Vehículos entonces le expedirá una matrícula, placa o chapa (*license plate*), un número de serie y un adhesivo que deberá pegar a la matrícula cada año cuando renueve la "registración" (que por lo general caducará el día de su cumpleaños).

Pólizas de seguro

También deberá obtener una póliza de seguro para automóvil; estas ofrecen diferentes tipos de cobertura, como por ejemplo:

- Daños a vehículos y responsabilidad civil *(Bodily Injury and Liability)*: Protege contra reclamaciones que le hacen por haber causado lesiones a otras personas en un accidente. Por lo general, establece un límite de lo que se le pagará a una persona y el máximo que se pagará por un grupo de personas lesionadas.

- Responsabilidad (*Liability Coverage*): Similar a la anterior, cubre sólo los daños causados por su auto a la propiedad ajena, sea vehículo, muro, construcción, poste, etc. Cuando el accidente es culpa suya, esta cobertura es la que responde por daños causados al otro vehículo.
- Colisión (*Collision*): Responde por los daños causados a su auto al estrellarse contra otro vehículo o cualquier otro objeto (árboles, postes, muros, construcciones, etc.). Se hace uso de esta cobertura cuando es usted quien causa el accidente.
- Cobertura completa (*Comprehensive Coverage*): Cubre daños causados a su auto por otras razones aparte de un accidente.
- Auto de alquiler: Cubre el gasto de un auto de alquiler mientras el suyo está en reparación debido a una reclamación hecha al seguro.
- Cobertura médica: Cubre los gastos médicos en los que incurra por un accidente ocurrido con su vehículo, incluidas las personas que van con usted.
- PIP (*Personal Injury Protection*): Cubre gastos médicos, pérdida de trabajo, funerales o cualquier otro gasto en el que incurra usted, pasajeros y peatones, debido a un accidente con su automóvil. No en todos los estados ofrecen esta cobertura. Indemniza por los daños sin importar quién tuvo la culpa del accidente.
- Servicio de grúa (*Towing*): Si su auto se queda varado, esta cobertura sufraga el servicio de remolque.
- Subasegurado o no asegurado (*Underinsured o Uninsured Motorist*): Paga por las lesiones, hasta el límite acordado, cuando el otro conductor no tiene seguro, huye o su cobertura no alcanza para pagar sus gastos.

No conduzca embriagado

Todos hemos oído decir mil veces que no se debe conducir embriagado, y sin embargo aún hay gente que se sienta ante el volante después de haberse tomado unas cuantas cervezas o copas. En Estados Unidos conducir bajo los efectos del alcohol es realmente serio.

DUI, o DWI significa que está conduciendo bajo la influencia de alcohol o drogas. DUI son las iniciales de *Driving Under the Influence*, en algunos estados también se utiliza DWI, que significa *driving while intoxicated* (conduciendo mientras está intoxicado). Ser acusado de DUI, sin embargo, no significa que el conductor esté en un estado de embriaguez lamentable, sino que ha excedido los límites permitidos de alcohol en la sangre.

En octubre del año 2000, el Congreso aprobó una ley que establecía ese límite en 0.08 % para adultos mayores de 21 años, y que entró en vigencia en todos los estados a partir del año 2004.

La medición del nivel de alcohol la lleva a cabo un oficial de policía que, tras dar usted su consentimiento, le realizará una prueba de aliento, ésta consiste en que el sospechoso deberá soplar en un aparato llamado *Breathanalyzer*, que sirve para hacer la medición. Aunque ésta es la prueba más común, en algunos estados se utilizan también exámenes de sangre y orina. Si se niega a cooperar, en muchos estados esto puede ser suficiente para suspenderle la licencia de conducir.

Las leyes varían de un estado a otro, pero en términos generales, quienes cometen tal infracción la primera vez, es posible que les pongan una multa, les suspendan la licencia de conducir o se la restrinjan. También los podrían enviar a tomar clases relacionadas con el tema o a realizar trabajo comunitario. Incluso podrían ponerlo en probatoria o hasta mandarlo a la cárcel. Si se trata de la segunda falta, la cárcel tal vez sea inevitable.

Si un menor de edad es sospechoso de DUI, un porcentaje de 0.01 de alcohol en su sangre sería suficiente para meterlo en problemas y retirarle la licencia.

Glosario

Air bags: Bolsas de aire.
Automatic transmission: Transmisión automática.
Black Book: Libro que dicta el precio de autos usados.
Blood alcohol level: Nivel de alcohol en la sangre.
Blood alcohol limit: Límite de alcohol en la sangre.
Bumper to bumber: Asegurar el auto de defensa a defensa.
Car: Carro, automóvil.
Collision: Colisión, cuando un auto se estrella.
Comprehensive Coverage: Cobertura completa del seguro.
Coverage: Cobertura de un seguro.
Credit union: Cooperativa, institución financiera para empleados.
Dealer: Concesionario.
Department of Motor Vehicles: Oficina gubernamental que administra lo relacionado con automóviles.
Drivers: Conductor, chofer.
Driving under the influence (DUI): Conducir bajo la influencia de alcohol o drogas.
Driving while intoxicated (DWI): Conduciendo mientras está intoxicado (por consumo de alcohol o drogas).
Drunk driving: Conducir o manejar embriagado.
Extended warranty: Garantía adicional, o extendida.
Fine: Multa.
Garage: Taller de mecánica.
Guilty: Culpable.
Hit and run: Accidente en el que el culpable huye de la escena.
Impaired driver: Persona no apta para conducir, debido a que sus sentidos están afectados por alguna sustancia (alcohol o drogas).
Insurance: Seguro.
Lease: Arrendamiento.
Liability: Daños a vehículos y responsabilidad civil.
License plate: Placa, chapa, matrícula.
Loan: Préstamo.
Make: Marca del auto.
Mechanic: Mecánico.
Miles: Millas
Model: Modelo del automóvil.
Pedestrian: Peatón.
Personal Injury Protection: Protección contra lesiones personales.
Preowned car: Auto usado.
Public transportation: Transporte público como buses, metro.
Pull over: Detener el vehículo a un lado de la carretera.
Registration: Registro, matrícula.
Rent a car: Auto de alquiler.
Ticket: Multa, infracción.
Towing: Servicio de grúa.
Trafic Light: Semáforo.
Transportation: Transporte.
Truck: Camioneta, camión.
Underinsured Motorist: Chofer subasegurado.
Uninsured Motorist: Chofer no asegurado.
Upgrades: Mejoras, equipo adicional.
Used car: Auto usado.
Vehicle history: Historial de un auto.
VIN (Vehicle Identification Number): Número de identificación de un vehículo o automóvil.
Warranty: Garantía.

En resumen...

Adquirir un auto nuevo, si su bolsillo se lo permite, reporta muchos beneficios, además del gusto de estrenarlo. Los vehículos nuevos vienen con garantía de fábrica y posiblemente no le den problemas durante los primeros años.

Si desea comprar un automóvil, visite diferentes concesionarios y busque los anuncios en la prensa para así comparar precios y condiciones. Déjele saber a uno lo que le ofrece otro, de manera que compitan entre sí y usted se beneficie del mejor precio.

Existe una guía llamada "Black Book" (Libro negro) que establece el precio de un auto usado según la marca, el modelo, el año, el millaje y el estado en que se encuentra.

Si va a comprar un auto usado, busque a un mecánico de confianza que lo revise para detectar problemas mecánicos y ver si el vehículo ha sufrido algún accidente.

Una vez que adquiera el auto, deberá obtener el registro, popularmente conocido como la "registración" (*registration*), que es el documento y el proceso de registrar su auto ante el Departamento de Vehículos (*Department of Motor Vehicles*).

DUI o DWI significa que está conduciendo bajo la influencia de alcohol o drogas. DUI son las iniciales de *Driving Under the Influence*; en algunos estados también se utiliza DWI, que significa *driving while intoxicated* (conduciendo mientras está intoxicado). Ser acusado de DUI es un asunto muy grave que puede pagarse hasta con penas de cárcel.

8

Día a día

Al inmigrar a Estados Unidos se enfrentará diariamente con pequeñas diferencias respecto a su país de origen, desde los días festivos y la moneda hasta la manera en que se mide la distancia entre dos pueblos o su propia estatura.

Además, en este capítulo le explicaremos algunos detalles útiles a la hora de salir de compras.

Vacaciones y días de fiesta

Si bien hay quienes dicen que en Estados Unidos se vive para trabajar, también hay días de descanso. Las vacaciones, sin embargo, dependen del empleo que se tenga. Por lo general, las empresas ofrecen una semana de vacaciones (cinco días hábiles) a sus nuevos empleados, y después de un año de servicio, las aumenta a dos semanas de vacaciones o diez días hábiles. Es también común que a medida que acumule años de servicio pueda disfrutar de más días de descanso; por ejemplo, después de cinco años hay quienes ofrecen tres semanas de vacaciones, y después de diez, cuatro semanas. Pero todo esto es a discreción de la empresa para la que trabaje. El empleado puede tomar sus vacaciones en cualquier época del año, aunque debe avisar a su patrón con suficiente antelación. También debe acatar las políticas que tenga la empresa al respecto, pues hay por ejemplo quienes cierran en diciembre y ofrecen vacaciones colectivas, o quienes necesitan toda su fuerza laboral durante ciertas épocas del año, y en éstas no conceden vacaciones.

Las escuelas y universidades disfrutan de tres períodos vacacionales: las vacaciones de verano (*summer vacation*), que por lo general van desde finales de mayo o principios de junio hasta agosto. Las vacaciones de primavera (*spring break*), que suele ser una semana en marzo o abril y a veces coincide con las vacaciones de Semana Santa. Y las vacaciones de invierno (*winter break*) que corresponden por lo general a las últimas dos semanas de diciembre o al tiempo comprendido entre el viernes anterior al 25 de diciembre y el lunes posterior al 1º de enero.

En cuanto a los días de fiesta, encontrará diferencias con las que celebra en su país de origen.

Por ejemplo, el Día del Trabajo que en el resto del mundo se celebra el día 1º de mayo, en Estados Unidos es el primer lunes de septiembre y marca el final del verano. Muchas de las fiestas religiosas que probablemente son fechas de guardar en su país, aquí pasan inadvertidas. Por ejemplo, el Viernes Santo o *Good*

Friday lo dan libre en muchas escuelas, pero es un día de trabajo para los maestros (*Teacher's Planning Day*), si es que no coincide con el *spring break*.

Hay días festivos fijos como la Navidad (25 de diciembre, Año Nuevo (1º de enero) y el día de la Independencia (4 de julio), mientras que otros cambian cada año para caer siempre en lunes o como el Día de Acción de Gracias que siempre se celebra el último jueves de noviembre. Hay días festivos parciales, que sólo observan el sector educativo, bancario y gubernamental.

A continuación encontrará una lista de todos los días festivos:

- Año Nuevo: 1º de enero.
- Día de Martin Luther King: Tercer lunes de enero.*
- Día de los Presidentes (Washington y Lincoln): Tercer lunes de febrero*.
- Día de Recordación: Último lunes de mayo.
- Día de la Independencia: 4 de julio.
- Día del Trabajo: Primer lunes del mes de septiembre.
- Día de Colón: Lunes más cercano al 12 de octubre.* (Día de la Raza)
- Día de los Veteranos: 11 de noviembre.*
- Día de Acción de Gracias: Último jueves de noviembre.
- Navidad: 25 de diciembre.

* *Son fiestas acatadas por las oficinas federales, escuelas y bancos.*

Billetes y monedas

El dólar es la moneda oficial de Estados Unidos. Hay monedas de uno (*penny*), cinco (*nickel*), diez (*dime*) y 25 centavos (*quarter*). Menos comunes son las de 50 centavos y de un dólar. Los billetes son de 1, 5, 10, 20, 50 y 100 dólares.

Tanto las monedas como los billetes son producidos por el Departamento del Tesoro (*Treasury Department*), que los envía a la Reserva Federal, la cual también se encarga de distribuirlos entre los bancos y sus sucursales.

El *penny* está hecho de una aleación de 95 % de cobre y 5 % de zinc. Las monedas de cinco centavos, o *nickels,* están hechas de una aleación de 75 % de cobre y 25 % de níquel. Las monedas de 10 centavos o *dimes,* las de 25 o *quarters* y las de dólar están formadas por tres capas que le dan el grosor a cada una. Las caras están hechas de una aleación de un 75 % de cobre y 25 % de níquel.

> Las monedas y los billetes son producidos por el Departamento del Tesoro de Estados Unidos (*US Treasury Department*).

El interior, que sólo es visible en los bordes, es de cobre puro. Aunque muchas máquinas que venden diferentes productos y servicios aceptan todo tipo de monedas (exceptuando las de centavo), algunas sólo aceptan las de 25. En cualquier caso, siempre viene bien tenerlas a la hora de acudir a máquinas de lavar y secar la ropa, peajes, parquímetros, teléfonos públicos, cuando vaya a comprar golosinas y refrescos, juegos mecánicos para niños, etc.

Por ser tan útiles, las monedas de 25 centavos son muy codiciadas y es buena idea tener siempre unas cuantas en el automóvil y en el monedero, ya que es muy probable que las necesite con frecuencia.

| 1 centavo | 5 centavos | 10 centavos | 25 centavos |
| Penny | Nickel | Dime | Quarter |

Compras: pasatiempo nacional

Sin lugar a dudas, Estados Unidos es un paraíso para los amantes de las compras. Las gangas y rebajas hacen más atractivos los *malls,* o centros comerciales, que por lo general están siempre llenos de gente. Sin exagerar se podría decir que el pasatiempo nacional es el *shopping,* o ir de compras.

Un dato curioso es que el viernes después del Día de Acción de Gracias es considerado el inicio de la temporada de compras navideñas, por lo tanto es el día de las compras por excelencia, así que podrá beneficiarse no sólo de descuentos, sino también de horarios más largos.

La primera sorpresa que se llevará, si nunca ha comprado en Estados Unidos, es que no pagará exactamente lo que consta en el precio, sino que le añadirán un recargo (de aproximadamente entre el 6 y el 8 % dependiendo de dónde viva), que es el *tax,* o el impuesto a las ventas que se carga sobre bienes y servicios (lo que en algunos países llaman el IVA).

Hay tres tipos de impuestos: el del vendedor (*vendor tax*), el del consumidor (*consumer tax*), y el de vendedor y consumidor (*vendor-consumer tax*), que es una combinación de los dos anteriores.

- El del vendedor (*vendor tax*) es el que se le cobra a la persona por el privilegio de hacer un negocio, y se basa en la cantidad de bienes vendidos. Por ejemplo, si usted vende X productos, se le cobrarán impuestos por el derecho de vender, y el cálculo de la suma que habrá de pagar estará basada en la cantidad de productos que venda.
- El del consumidor (*consumer tax*) es el impuesto sobre las ventas al detalle. El vendedor cobra el impuesto del comprador y luego envía ese dinero al Estado. Éste es el que usted paga por consumir. Por ejemplo, si compra un pantalón por $19.99, pagará una suma adicional en concepto de impuestos.

Los *sales* son gangas y rebajas. Casi todas las tiendas ofrecen rebajas en sus mercancías, ya sea por cambio de temporada, por imperfecciones o para atraer a los compradores.

Otra manera de atraer clientes o de dar a conocer productos son los cupones de descuento. Por lo general, se publican en la prensa o incluso se encuentran en el supermercado junto al producto. En ellos se ofrece un descuento sobre el valor de la mercancía. Recorte el cupón y preséntelo en la caja antes de pagar.

Los *rebates* son otro tipo de oferta: una vez que usted compra el producto debe enviar por correo el recibo, el código de barras de la caja o paquete y un formulario con sus datos personales. A vuelta de correo le enviarán un cheque por el valor prometido en la oferta. Esta práctica es común en la venta de electrodomésticos, y computadoras y sus accesorios.

Devolución de mercancía

En muchos de nuestros países, una vez se compra la mercancía y se lleva a casa, no se puede devolver a la tienda. En Estados Unidos no siempre ocurre lo mismo. Por lo general, si el artículo salió defectuoso y no le funciona o está en buen estado pero no es de su gusto, puede devolverlo a la tienda. Sin embargo, existen restricciones y condiciones, y cada establecimiento comercial tiene sus reglas al respecto. En general, la mayoría de las tiendas aceptarán el artículo, siempre y cuando se devuelva completo y en su paquete o caja original. Hay quienes exigen el recibo y otros que fijan un límite de tiempo para hacer devoluciones. Una vez le acepten el artículo, es probable que le ofrezcan dos opciones:

* Intercambio o *exchange*: Cuando le dan la opción de cambiarlo por uno igual o por cualquier producto de igual o mayor valor.
* Devolución del dinero o *refund*: Puede adoptar varias maneras, ya sea recibiendo un certificado por lo que le

costó el artículo, para que adquiera lo que desee ese u otro día, ya sea recibiendo dinero en efectivo o un ingreso en su tarjeta de crédito (si pagó con ella). En caso de que haya pagado con cheque, es posible que la tienda estipule que no le devolverán el dinero hasta que el cheque haya sido canjeado.

Hay tiendas que tienen por política no devolverle el dinero (*refunds*), sino solamente cambiarle el producto por otro. Otras no hacen ni lo uno ni lo otro. Sea cual sea el caso, tienen que informar al público al respecto, y lo suelen hacer con avisos en la caja registradora y a veces en el mismo recibo de compra.
Si compra algo rebajado, tal vez le digan que es una venta final (*final sale*), lo que significa que no se aceptarán devoluciones.

Raincheck y Layaway

La prensa del día publica un anuncio según el cual su tienda favorita rebaja algo que usted desea adquirir. Usted llega a la tienda y resulta que el producto se ha agotado. No se desanime, pregunte si le pueden dar un *raincheck*. Hay tiendas que ofrecen este conveniente servicio, se trata de extenderle un tipo de cupón en el que le reservan el producto que en ese momento no tienen, pero —lo más importante— garantizándole el precio, de manera que cuando les llegue el pedido, usted pase de nuevo con su *raincheck* y compre su mercancía.
Otra situación podría ser que deseara comprar algo, pero en ese momento no cuenta con el dinero ni con una tarjeta de crédito. ¿La solución? Un programa que tienen muchas tiendas y que se llama *layaway*, que consiste en que reservan la mercancía, y usted la va pagando poco a poco, por adelantado, hasta que finalmente la cancela y la puede retirar. Cada tienda tiene sus propias reglas para los *rainchecks* y los *layaway*. Pida más información en la sección de atención al cliente.

Pesos y medidas

A la hora de medir y pesar en Estados Unidos, ya no utilizará muy a menudo el sistema métrico decimal, tan común en nuestros países, sino las medidas anglosajonas. Aquí encontrará que la distancia de un sitio a otro se mide en millas (*miles*) y no en kilómetros. O que su estatura no será ya en metros y centímetros, sino en pies (*feet*) y pulgadas (*inches*). Y su peso, ya no aparecerá en kilos, sino en libras (*pounds*), pero no aquellas libras que resultan de multiplicar los kilos por dos, aquí resultan de multiplicar los kilos por 2.21.

La medición de la temperatura también es diferente, así que no le extrañe cuando el termómetro señale 80 grados en el verano, pues la medida es en grados Fahrenheit, y no en grados centígrados como está acostumbrado.

A la hora de cocinar, recuerde que un *cup* es una taza, una *tablespoon* una cuchara sopera y una *teaspoon* una cucharita.

Al principio le será un poco difícil acostumbrarse, pero con el tiempo quizás le cueste trabajo calcular estaturas, distancias y pesos en el sistema métrico decimal. Pero entre tanto, acuda a esta tabla para poder convertir las medidas más comunes:

Tabla de conversiones

Longitud
Pulgadas a centímetros: multiplique por 2.54
Centímetros a pulgadas: multiplique por 0.39
Pies a metros: multiplique por 0.30
Metros a pies: multiplique por 3.28
Millas a kilómetros: multiplique por 1.61
Kilómetros a millas: multiplique por 0.62

Superficie
Pie cuadrado a metro cuad.: por 0.09290304
Metro cuadrado a Pie cuad.: por 10.76391
Acre a hectárea: multiplique por 0.4047
Hectáreas a acres: multiplique por 2.47104

Temperaturas
°C a °F: multiplicar por 1.8 y sumar 32
°F a °C: restar 32 y multiplicar por 0.555

Peso
Onzas a gramos: multiplique por 28.35
Gramos a onzas: multiplique por 0.035
Libras a kilogramos: multiplique por 0.45
Kilogramos a libras: multiplique por 2.21

Líquidos
Galón americano a litros: multiplique por 3.79
Litros a galón americano: multiplique por 0.26
(5 galones ingleses = 6 galones americanos)

Glosario

Bills: Billetes.
Bucks: Nombre popular para dólares.
Cash: Dinero en efectivo.
Centimeters: Centímetros.
Check: Cheque.
Christmas: Navidad.
Christmas' eve: Nochebuena.
Coins: Monedas.
Columbus' Day: Día de Colón (Día de la Raza).
Consumer tax: Impuesto al consumidor.
Coupons: Cupones.
Credit card: Tarjeta de crédito.
Cup: Taza.
Currency: Moneda, o dinero, en circulación.
Department store: Tienda con departamentos especializados.
Dime: Diez centavos de dólar.
Exchange: Intercambio.
Fahrenheit: Medida de temperatura.
Feet: Pies.
Final sale: Venta final, que ya no se puede devolver a la tienda.
Foot: Pie.
Good Friday: Viernes Santo.
Grams: Gramos.
Height: Altura.
Holiday: Día de fiesta, festivo.
How tall are you?: ¿Cuál es su estatura?
Inches: Pulgadas.
Independence Day: Día de la Independencia.
Kilometers: Kilómetros.
Labor Day: Día del Trabajo.
Layaway: Sistema de pago por adelantado y en cuotas de una mercancía.
Liter: Litro.
Mall: Centro comercial, por lo general cubierto.
Memorial Day: Día de Recordación.
Meters: Metros.
Miles: Millas.
New Year: Año Nuevo.
New year's eve: Nochevieja.
Nickel: Cinco centavos de dólar.
Penny: Un centavo de dólar.
Pound: Libra.
President's day: Día de los Presidentes.
Quarter: Veinticinco centavos de dólar.
Raincheck: Cupón para reclamar una mercancía que no está disponible en el momento de comprarla.
Rebate: Rebaja, descuento.
Receipt: Recibo.
Refund: Reembolso, reintegro.
Sales: Rebajas, ofertas.
Shopping Center: Centro comercial más pequeño, abierto a la calle.
Shopping: Compras.
Spring break: Vacaciones cortas de primavera.
Square feet: Pies cuadrados.
Store: Tienda.
Summer vacation: Vacaciones de verano.
Table spoon: Cuchara sopera.
Tax: Impuesto.
Temperature: Temperatura.
Thanks Giving Day: Día de Acción de Gracias.
Teaspoon: Cucharadita.
Vacation: Vacaciones.
Vendor tax: Impuesto al vendedor.
Veteran's Day: Día de los Veteranos.
Warranty: Garantía.
Weight: Peso.
Winter break: Vacaciones cortas de invierno.

En resumen...

Las escuelas y universidades tienen tres períodos vacacionales: las vacaciones de verano (*summer vacation*), las de primavera (*spring break*) y las de invierno (*winter break*).

Muchas fiestas religiosas, que probablemente son fiestas de guardar en su país aquí pasan inadvertidas.

Hay días festivos fijos, como la Navidad o el Año Nuevo, otros cambian todos los años para caer siempre en lunes. Hay días festivos que sólo observan ciertas instituciones educativas, financieras y gubernamentales.

El dólar es la moneda oficial de Estados Unidos. Las monedas y billetes son producidos por el Departamento del Tesoro que los envía a la Reserva Federal para que los distribuya entre los bancos.

Los *sales* son gangas y rebajas. Casi todas las tiendas ofrecen rebajas en sus mercancías, ya sea por cambio de temporada, por imperfecciones o para atraer a los compradores.

A la hora de medir y pesar en Estados Unidos, ya no utilizará muy a menudo el sistema métrico decimal, tan común en nuestros países, sino las medidas anglosajonas.

9

Educación
y superación

En Estados Unidos es obligación brindarle educación a los niños y la educación pública permite que esto sea posible. En este capítulo le contaremos cuántos grados escolares hay, cómo matricularse y le informaremos de otras opciones privadas o semiprivadas.

Después viene el gran paso: la educación universitaria, pero no se deje intimidar, existen muchos recursos financieros que le ayudarán a alcanzar sus metas.

Aprender inglés debe ser la meta de todo recién llegado y la clave para salir adelante. Nunca es tarde para estudiar y aprender un nuevo idioma que seguramente le abrirá muchas puertas.

Los primeros pasos

A partir de los cinco años, los chicos ya asisten a la escuela. Antes de esa edad, muchos tienen la suerte de permanecer en casa junto a uno de los padres, los abuelos o un adulto responsable. Pero, ¿qué ocurre cuando ambos padres tienen que trabajar y no hay alguien de confianza que cuide del o de los pequeños?

La solución está en el preescolar (*preschool* o *pre-K*) y la guardería infantil (*day cares*). Entre estas dos existen diferencias.

Por lo general, en preescolar aceptan a niños mayores de tres años y que ya no usen pañal (*potty trained*). Generalmente disponen de dos aulas: para los chicos de tres años (*Pre-K 3*) y para los de cuatro años (*Pre-K 4*). En estos sitios, los niños, además de jugar, aprenden conocimientos básicos, como letras y números, también disfrutan de un sinnúmero de actividades didácticas.

Las guarderías infantiles, por el contrario, aceptan niños desde que nacen hasta los 5 años. Por lo general, a medida que los niños crecen, les brindan actividades propias para su edad. La mayoría de las guarderías ofrece programas de preescolar, tal y como los describimos antes.

Es posible que cerca a su casa encuentre guarderías y preescolares, pero no acuda al primero que encuentre. Asegúrese de que el lugar tiene una licencia oficial y siga estos consejos para elegir el más adecuado:

* Al visitar guarderías, tenga en cuenta la primera impresión que le causaron. Debe observar si el lugar se ve limpio y seguro, y cómo es la interacción entre niños y adultos. Haga caso de sus instintos, si el lugar no le gusta, no vuelva. Si le gusta, vuelva un par de veces más a diferentes horas.
* Observe a los niños que están en el lugar, si se ven limpios, si están entretenidos y disfrutan de suficientes juguetes didácticos.

- Cuente el número de niños que atiende cada maestra y si las maestras tienen asistentes. Entre menos niños por adulto, mayor atención. Pregunte qué experiencia y certificaciones tienen el director, los maestros y cualquier adulto que esté en contacto con los niños.

Existen agencias con referencias de cada centro y que le recomiendan guarderías en su ciudad. Además, le indican qué debe tener en cuenta al elegir una y hasta le dan información para solicitar ayuda financiera. Una de ellas es Child Care Aware, que tiene un sitio web muy completo con consejos e información, que pude visitar en:

 **www.childcareaware.org/sp/**

También puede ponerse en contacto con ellos por teléfono en el:

 1-800-424-2246
(Solicite asistencia en español)

A la escuela

A partir de los cinco años, sus hijos alcanzan la edad escolar y es su obligación matricularlos en la escuela. Primero debe comunicarse con el distrito escolar del condado donde vive o acudir a la escuela pública más cercana a su residencia, para informarse de cuál es la que les corresponde a sus hijos o que le indiquen adónde debe dirigirse.

Por lo general, antes de comenzar el año escolar (que generalmente va desde finales de agosto a principios de junio) las escuelas convocan una *open house*, una reunión para que los padres y niños conozcan la plantilla y a sus maestros. Durante la época de matrículas, asegúrese de llevar consigo:

- Pruebas que demuestren cuál es su domicilio (factura del agua, luz o teléfono con el nombre de uno de los padres y la dirección de la vivienda impresos).
- Uno de los siguientes documentos: recibo del pago de arrendamiento, contrato de arrendamiento, pago de hipoteca, tarjeta de votación, licencia de conducir.
- Certificado de nacimiento del niño (si no lo tiene, puede llevar el certificado de bautizo acompañado de una declaración jurada (*Afidavit*), póliza de seguro de vida a nombre del niño —generada por lo menos hace dos años—, pasaporte, tarjeta del Seguro Social, etc.).
- Certificado médico o evidencia de examen médico realizado dentro de los últimos 12 meses.
- Notificación escrita de cualquier problema médico o condición médica del niño.
- Certificado de inmunizaciones.
- Calificaciones del grado anterior o expediente con las últimas calificaciones.

En Estados Unidos, la educación pública es gratuita. También le ofrecen servicio de transporte si vive a cierto radio de distancia de la escuela, y de alimentación (por una cantidad mínima le servirán desayuno y almuerzo).

La educación formal comienza con el grado de *kindergarten* a los cinco años cumplidos, pero la fecha límite para cumplir esa edad varía de estado a estado, para algunos es el 1º de septiembre, para otros el 1º de enero. En la escuela le darán la información necesaria.

De acuerdo con la edad, su hijo irá a la escuela elemental (primaria) o *elementary school*, que va de los grados *kindergarten* a quinto. Luego pasará a la escuela intermedia, o *middle school*, que va de los grados sexto a octavo y por último asistirá a la escuela secundaria, o *high school,* que va de los grados noveno a duodécimo, cuando se graduará y estará listo para ingresar en la universidad.

Otras opciones

Aunque la educación pública es la más común (y asequible), también existen otras opciones como la privada, aunque representa un costo significativo. Si puede pagar la matrícula (que puede costar varios cientos de dólares mensuales), lo mejor es acudir al personal del centro que le interese para preguntar sobre sus objetivos, currículum y costos.

Existen otras opciones, como las escuelas *charter* (*charter schools*) y la educación en el hogar (*homeschool*).

Las escuelas *charter* son escuelas públicas administradas por una entidad diferente a los distritos escolares, que establece contratos con los condados o ciudades, y a las que pueden acudir niños residentes del condado donde se encuentra. Son relativamente nuevas y se están propagando por todo el país. Las escuelas *charter* funcionan con fondos públicos y no se acogen a todas las regulaciones que se aplican a las escuelas públicas tradicionales. Para matricular a su hijo en una escuela *charter*, debe acudir al personal del centro de su elección y pedir información sobre cuándo son las matrículas y cuáles los requisitos.

Si desea obtener más información, visite:

 **www.uscharterschools.org/**

El *homeschooling* es una alternativa de educación que se puede impartir en su propio hogar, donde los maestros pueden ser los propios padres. La educación en el hogar es legal en los 50 estados y cada uno de ellos tiene sus propias leyes que la rigen, por lo tanto las familias que educan a sus hijos en el hogar deben informar al distrito escolar. Existen varias compañías que ofrecen los materiales correspondientes al nivel del grado en que están sus hijos.

Si desea obtener más información sobre este tipo de formación académica, visite:

 **www.nhen.org**

 **www.homeschool.com**

A la universidad

El gobierno ofrece diferentes recursos para ayudar a los padres de familia con la educación de sus hijos. Uno de ellos es el Centro de Recursos de Información del Departamento de Educación, que además puede proporcionar información sobre los programas, publicaciones y servicios disponibles en el Departamento de Educación de Estados Unidos. Para más información:

 **www.ed.gov/offices/OIIA/IRC/**

 **1-800-872-5327**

Si el individuo no tiene bien definidos sus intereses ni qué carrera profesional desea seguir, puede tomar un examen o *self-assessment test* que le aclarará las ideas y le dará algunas sugerencias de carreras. Muy seguramente en la escuela secundaria le informarán cómo tomarlo.

Solicitar la admisión en una universidad (*College*) implica cumplir ciertos requisitos, reunir información, llenar solicitudes y pagar por cada solicitud de admisión. Por lo general, la escuela secundaria le podrá dar alguna orientación al respecto.

Si ya sabe en qué universidad desea estudiar, tal vez pueda recurrir a una inscripción temprana, pero esto no garantiza que lo vayan a aceptar. También puede averiguar si es factible su solicitud en línea (a través de Internet).

Nunca es muy temprano para comenzar a prepararse para la universidad. Los padres pueden comenzar a buscar planes de ahorro especialmente diseñados para costear la educación superior de sus hijos.

También existen muchos programas que le conceden ayuda financiera, ya sean del gobierno federal, ya del estatal, de las mismas universidades, asociaciones educativas o bancos.

Existen varios tipos de ayuda financiera, combinables entre sí, para cubrir el costo totalmente:

- *Grants*: También llamados *scholarships,* o becas. Son las que costean sus estudios sin tener que pagar nada por ellos después. Se otorgan a estudiantes con buenas calificaciones o que se destacan en alguna actividad como deportes o música, por ejemplo. Hay becas parciales, es decir, que pagan una parte. Las puede solicitar al gobierno federal, al estado

Departamento de Educación
US Department of Education

1-800-USA-LEARN   www.ed.gov

U.S. Department of Education
400 Maryland Avenue, SW
Washington, DC 20202

donde reside o a la universidad a la que desea asistir.

- *Work-study*: Consiste en que le otorgan un trabajo a media jornada, a veces en la misma universidad, lo que le proporciona un salario para costearse los estudios. Averigüe con la institución que opciones tiene para acceder a esta modalidad.
- *Loans*: Son préstamos que deberá pagar una vez se gradúe o deje la escuela, por lo general en cuotas mensuales. Éste es como cualquier otro préstamo, por lo tanto, si no paga, afectará su historial crediticio, además de que le multarán. Los puede solicitar a bancos y organizaciones educativas.

Más de la mitad de los estudiantes universitarios reciben algún tipo de ayuda financiera, y la mayoría recurre a sus ahorros, ingresos y a préstamos. El mejor momento de solicitar dicha ayuda es el último año de secundaria (*senior year*).

La ayuda financiera no sólo se da a quienes asistirán a una universidad, sino también a los estudiantes que desean asistir a una escuela técnica (*technical schools*) o prepararse para un oficio (*trade school*) como mecánica, higiene dental o masajes.

Si desea más información, haga una búsqueda en Internet o en su biblioteca local, por *student aid* o *financial aid*. También puede ponerse en contacto con la Secretaría de Educación en el:

 **http://studentaid.ed.gov/PORTALSWebApp/ students/english/index.jsp**

1-800-433-3243

Para más información sobre educación, visite el sitio web en español de la Secretaría de Educación:

 **www.ed.gov/spanishresources.jsp**

No a la discriminación

No importa el grado escolar ni la institución educativa en el que se encuentren usted o sus hijos: no podrá ser discriminado por motivos de raza, color, origen, nacionalidad, sexo, religión, discapacidad y/o edad.

Si usted necesita informar sobre un incidente de discriminación, póngase en contacto con la línea directa de los derechos civiles:

 **http://www.ed.gov/about/offices/ list/ocr/index.html?src=mr**

 **1-800-421-3481**

O escriba al correo electrónico: OCR@ed.gov.

Cuidado de los niños

Otro de los asuntos que deben resolver los padres que trabajan es quién cuidará a sus hijos después del horario escolar. La mayoría de las escuelas a donde acuden los niños ofrecen este servicio, que aquí se conoce como *after school care programs*, por un costo adicional. También hay organizaciones que brindan cuidados después de los horarios escolares, como:

- 1-888-333-YMCA (1-888-333-9622)
  www.ymca.net
- Boys and Girls Club of America
  1-800-854-CLUB (1-800-854-2582)
  www.bgca.org
- 4-H Council
  www.fourhcouncil.edu

Do you speak English?

Quizás el tema que más preocupe a los inmigrantes, después de su situación legal, sea aprender el idioma. Y es que hablar inglés es la llave que le abrirá muchas puertas.

Sin embargo, esta meta no se logra de la noche a la mañana. Tendrá que invertir tiempo y esfuerzo, pero verá en unos cuantos meses los beneficios no sólo económicos, sino también sociales. En su vida diaria será un alivio poder comunicarse y se sentirá orgulloso de ser bilingüe.

> Los medios de comunicación son buenos maestros de inglés y de la cultura estadounidense. Procure ver televisión y películas, y escuchar la radio en inglés.

Las universidades (*colleges*), los *community colleges* y las academias privadas ofrecen clases de inglés para inmigrantes o personas que hablan otras lenguas. Sin embargo, algunas son costosas.

También existen numerosos programas comunitarios que ofrecen clases de inglés a precios muy reducidos o hasta gratis. Lo mejor es preguntar en la escuela pública de su vecindario (quizás ellos ofrezcan las clases) así como en centros de ayuda para inmigrantes, a amigos o hasta en el consulado de su país.

La excusa más común es la falta de tiempo, pero hay varios sistemas con los que puede aprender el idioma en su propio hogar y a su conveniencia, incluso a través de Internet.

Los medios de comunicación son buenos maestros de inglés y de la cultura estadounidense. Procure ver televisión y películas, y escuchar la radio en inglés. Y sobre todo: no se avergüence de pronunciar algo mal y que lo corrijan, así se aprende.

Glosario

Admission: Admisión.
After school care programs: Programas para el cuidado de niños después del horario escolar.
Apply: Solicitar.
Birth certificate: Certificado de nacimiento.
Book: Libro.
Career: Carrera, profesión.
Charter schools: Escuelas públicas administradas por una entidad diferente al distrito escolar.
Children: Niños.
Class: Clase, aula.
Classmate: Compañero de clase.
College: Universidad.
Counselor: Consejero, guía.
Daycare: Guardería.
Deadline: Plazo, fecha límite.
Elementary school: Escuela primaria.
English: Inglés.
Enroll: Matricularse, inscribirse.
ESL English as a Second Language: Inglés como segunda lengua.
Expenses: Gastos.
Fees: Costos.
Financial aid: Ayuda financiera.
Form: Formulario.
Grades: Calificaciones. Grado escolar.
Grant: Beca.
Graduation: Graduación.
High school: Escuela secundaria, bachillerato.
Higher education: Educación superior.
Home care: Cuidado (de niños) en el hogar.
Homeschool: Escuela en el hogar.
Homework: Tarea.
Infants: Bebés.
Learn: Aprender.

Loan: Préstamo.
Middle school: Escuela intermedia.
Potty trained: Cuando el chico ha aprendido a ir al baño.
Pre-K: Prekinder.
Pre-K 3: Prekinder para niños de tres años.
Pre-K 4: Prekinder para niños de cuatro años.
Preschool: Preescolar.
Principal: Rector.
Public school: Escuela pública.
Report card: Informe de notas, calificaciones.
Requirement: Requisito.
Savings: Ahorros.
Scholarship: Becas.
School district: Distrito escolar.
School supplies: Útiles escolares.
Self-assessment test: Examen de orientación profesional.
Student: Estudiante.
Student Aid: Ayuda para estudiantes.
Submit: Presentar (una solicitud).
Summer school: Clases durante el verano
Online: En línea, a través de Internet.
Parents: Padres.
Process: Proceso, procedimiento.
Teacher: Profesor, maestro.
Teacher aid: Asistente de profesor.
Technical schools: Escuelas técnicas.
Test: Examen.
Toodlers: Niños hasta los cuatro años.
Trade school: Escuela donde enseñan un oficio, como mecánica o costura.
Tuition: Pago por la enseñanza.
University: Universidad.
Work-study: Programa de algunas universidades donde dan trabajo a los alumnos para que costeen sus estudios.

En resumen...

Si sus hijos están en edad escolar, tiene la obligación de matricularlos en la escuela. El año escolar se inicia a finales de agosto y finaliza a principios de junio.

La educación pública es gratuita. También le ofrecen servicio de transporte y alimentación por una suma mínima.

La educación universitaria es muy costosa en Estados Unidos y hay que estar preparado ahorrando con anterioridad, invirtiendo en programas de ahorro para pago de universidades, etc.

Existen muchos programas que le otorgan ayuda financiera para pagar sus estudios, ya sean del gobierno federal, ya del estatal, de las mismas universidades, asociaciones educativas o bancos.

La ayuda financiera no sólo se da a quienes asistirán a una universidad, sino también a los estudiantes que desean asistir a una escuela técnica (*technical schools*) o prepararse para un oficio (*trade school*) como mecánica, higiene dental o masajes.

Si por algún motivo tiene que informar sobre un **incidente de discriminación**, póngase en contacto con la línea directa de los derechos civiles, en el 1-800-421-3481. También puede comunicarse a través del correo electrónico.

La mayoría de las escuelas de Estados Unidos tienen un servicio que, por un costo adicional, se hace cargo de sus hijos después del horario escolar.

Salud
y bienestar

No es ningún secreto que la atención médica y las medicinas son sumamente costosas en Estados Unidos. Aunque los niños menores de 18 años, los adultos mayores de 65 años y las personas discapacitadas cuentan con recursos gubernamentales para cubrir sus gastos de salud, los demás adultos deben recurrir a seguros de salud privados que pueden adquirir directamente o a través de su empleador. Si cumple con ciertos requisitos, puede beneficiarse de programas sociales como el Medicare y el Medicaid. En todo caso, con o sin seguro, le prestarán la atención médica necesaria.

El 911

En Estados Unidos, el 911 es el número telefónico oficial y nacional para informar de emergencias.

Al marcar esos tres números, usted se comunica con un punto de respuesta de seguridad, *Public Safety Answering Point* (PSAP), donde un operador (dispatcher) le atenderá y si es el caso, transferirá su llamada al servicio que sea pertinente según cuál sea su emergencia: paramédicos, policía o bomberos.

Cuando usted llama al 911 desde una línea regular, automáticamente saben desde qué número está llamando y dónde se halla. Si lo hace desde un teléfono móvil, o celular, es posible que no ocurra lo mismo, pero en un futuro se espera que pueda identificarse no sólo el número, sino también localizar la ubicación precisa desde donde se efectúa la llamada.

La manera en que una persona colabore con el operador del 911 durante una emergencia es sumamente importante. Haga exactamente lo que el operador le diga y responda con la mayor coherencia posible a las preguntas que le formulen. Hable claro y despacio, exprese lo que está ocurriendo y qué es lo que necesita. En términos generales, provea la siguiente información:

- Ubicación de la emergencia: sea lo más específico posible. Dé la dirección completa o las indicaciones más aproximadas posibles.
- Describa el tipo de emergencia: si necesita a la policía, a los paramédicos o a los bomberos. Algunos ejemplos de emergencia son un delito que va a ocurrir, está ocurriendo o que acaba de ocurrir, un incendio, una persona inconsciente o herida, o un accidente de tráfico.
- Cuántas personas necesitan la ayuda o cuántos sospechosos hay (si está informando de un robo).
- Informe de cualquier circunstancia que pueda retrasar la llegada de ayuda, por ejemplo, si sólo se puede

acceder al lugar por aire, si hay un animal salvaje que no deja que nadie se acerque, etc.

- Sea conciso y no exagere, pero tampoco tema expresar la seriedad de los acontecimientos.

Recuerde que, si es el caso, mientras está hablando con el o la operadora, puede que la ayuda vaya en camino.

Desafortunadamente, mucha gente llama al 911 sin necesidad, lo que ocasiona una pérdida de tiempo y esfuerzos que podrían usarse para salvar una vida. Enseñe a sus hijos cómo y cuándo deben usar este servicio, pero incúlqueles que no deben llamar por bromear o por cualquier razón que no sea una emergencia. No olvide enseñar a sus hijos la dirección de su casa y el número de teléfono tan pronto como puedan memorizar estos datos.

Nunca le diga a un operador del 911 que su situación es más seria de lo que realmente es, simplemente para ser atendido con mayor prontitud. Por lo general se da prioridad a las emergencias más graves, y si usted mintiera o exagerara, podría poner en riesgo la vida de alguien que realmente sí estuviera en una situación más grave que la suya.

Tenga en cuenta que hacer llamadas falsas al 911 constituye un delito, y en algunos estados conlleva multa y hasta prisión.

Averigüe cuál es el número de teléfono de la policía local, adónde debe acudir para ponerse en contacto con ellos en caso de que los necesite, cuando no se trate de una situación de vida o muerte. Téngalo a mano, en un lugar visible.

Seguros de salud

No es ningún secreto que Estados Unidos tiene el sistema de salud más caro del mundo. Por muchos años se ha hablado de establecer un programa nacional para el cuidado de la salud, sin resultado alguno, excepto para menores de edad que sí tienen acceso a un seguro de salud patrocinado por el gobierno, del cual hablaremos más adelante. La mayoría de los habitantes del país disfrutan de un seguro de salud a través de su empleador, mientras que otros deben recurrir a seguros individuales, pero se estima que el 30 % no cuentan con ningún tipo de seguro.

Si usted o alguien de su entorno necesita atención médica urgente y no tiene seguro médico, puede llamar igual al 911. Los paramédicos lo atenderán. Dígales si tiene o no seguro para que sepan a qué hospital llevarlo.

Existen compañías privadas que ofrecen seguros de salud, pero antes de comprar uno, verifique la calidad de la empresa, qué cobertura ofrece y de qué pagos debe hacerse responsable el paciente.

Si no tiene seguro médico y debe ir al hospital, lo atenderán de todas formas. Lo más probable es que una trabajadora social entreviste al paciente o a sus familiares para averiguar su situación económica y así establecer la forma de pago, que por lo general se aplazará, dividido en cuotas mensuales.

Si no se trata de una emergencia y debe visitar a un médico, lo atenderá siempre y cuando pague por la consulta. Igualmente deberá asumir cualquier gasto adicional como análisis de sangre y orina, y medicamentos.

En las ciudades grandes hay clínicas que ofrecen programas de atención médica a precios razonables. Una buena fuente de información son los anuncios de los periódicos locales, las consultas de los médicos, los hospitales públicos y los centros de ayuda para inmigrantes.

También existen compañías que ofrecen seguros de salud. Los precios mensuales pueden variar según la compañía, el plan que elija y sus condiciones personales (sexo, edad, etc.). Antes de

comprar un seguro, verifique la calidad de la empresa, qué
cobertura ofrece y de qué pagos debe hacerse responsable el
paciente.

El seguro más común es el llamado HMO, iniciales de *Health
Maintenance Organization* (Organización para el mantenimiento
de la salud), que es un tipo de seguro que ofrece atención médica
a sus afiliados a cambio de un pago fijo determinado. Lo más
común es que el beneficiario, además de pagar su póliza cada
mes, ya sea directamente a la compañía aseguradora o a través de
su empleador, deba pagar una cifra fija cada vez que visite a su
médico. Este pago, llamado *co-payment* (co-pago) es por lo común
de entre $10 y $20 de acuerdo con el seguro, aunque últimamente
tiende a subir.

El HMO, iniciales de *Health Maintenance
Organization* (Organización para el
mantenimiento de la salud), es un tipo de
seguro que ofrece atención médica a sus
afiliados, a cambio de un pago fijo
determinado.

El beneficiario tiene que acudir a un PCP (iniciales de *Primary
Care Physician*), o médico de cabecera, un médico general que,
llegado el caso y de ser necesario, remitirá al paciente a un
especialista a través de un *referral* (referencia). Por lo general, el
PCP de los niños es su pediatra. Los médicos a los que el
beneficiario puede acudir tienen que ser los que están afiliados a
ese seguro específicamente, es lo que se denomina *network*. Por
lo general, si el paciente visita a un médico que no pertenece al
cuadro médico (*not network*), el seguro pagará un porcentaje,
pero deberá verificarlo primero para evitarse sorpresas.

Este seguro cubre también servicios de emergencia, hospitalización y medicinas. Por estas últimas se paga un precio fijo en la farmacia (*co-payment*), que puede ser de a partir de $10 por medicinas genéricas o de más por las de una marca específica.

Existe otro tipo de seguro denominado PPO, en el que el paciente tiene la libertad de elegir el médico que desee. Es un tipo de seguro más costoso y el paciente por lo general deberá pagar un porcentaje del costo de la consulta, en lugar de un *co-payment* fijo. Sea cual sea la opción que elija, antes de contratar una póliza de seguro, averigüe exactamente qué servicios cubre, cuánto deberá pagar usted por cada visita, ya sea el co-pago o un porcentaje, cuánto habrá de desembolsar en caso de urgencia, hospitalización, cirugía, etc. Averigüe si tiene deducibles, es decir una suma que usted debe pagar antes de que el seguro se haga responsable del resto.

Tenga en cuenta que es muy común que la póliza de seguro de salud no cubra servicios de dentista y óptica, que se pueden adquirir por separado.

Las compañías de seguros tienen departamentos de servicio al cliente, donde seguramente responderán a todas su preguntas.

Las medicinas

Otro aspecto que seguramente es más costoso en Estados Unidos que en su país de origen es la compra de los medicamentos o remedios.

A las medicinas que no requieren prescripción médica se les llama *over the counter* y son las que usted mismo puede elegir en el mostrador. Cuando usted recibe una prescripción o receta médica, debe entregarla al farmacéutico. Si tiene seguro, por lo general deberá pagar una cantidad razonable ($5 ó $10 por medicamentos genéricos o más por medicamentos de una marca específica). Si no tiene seguro, esté preparado porque el costo de las medicinas es elevado.

En algunas prescripciones el médico señala cuántos *refills* le pueden dar, es decir, cuántas veces y qué cantidades de la misma medicina le venderán por un tiempo específico, sin necesidad de que tenga que llevar una nueva prescripción cada vez que se le acabe.

Seguro médico para niños

Para tranquilidad de los padres que no cuentan con cobertura médica para sus hijos, en Estados Unidos los niños pueden contar con un seguro de salud gratuito o a muy bajo costo incluso si sus padres trabajan. El estado donde viva, y todos los estados del país, disponen de programas de seguros de salud para infantes, niños y adolescentes, incluidos los que tienen diferentes estatus migratorios.

Estos seguros ofrecen por muy poco dinero o por nada:

- Visitas médicas.
- Recetas para medicinas.
- Hospitalización.
- Otros beneficios.

Cada estado tiene sus propios requisitos, pero en la mayoría de ellos debe tratarse de menores de 18 años, hijos de familias con ingresos inferiores a los $34,100 anuales (para familias de cuatro miembros). Para más información:

www.insurekidsnow.gov
www.insurekidsnow.gov/espanol/index.htm

1-877-KIDS-NOW
(marque el 2 para español)

Vacunación para niños

La vacunación preventiva, o inmunización, es parte del cuidado rutinario de la salud infantil. En Estados Unidos los niños pueden recibir las vacunaciones necesarias a través del programa Vacunas para niños (*Vaccines for Children*, VFC), que ofrece vacunas gratis a niños de ciertos grupos sociales que no disponen de recursos para pagarlas. Los médicos pueden conseguir estas vacunas para los pacientes que reúnan los requisitos, inscribiéndose en el programa VFC de su estado.

Este programa es respaldado por el Programa Nacional de Vacunaciones (*National Immunization Program*, NIP) incluido en los Centros para el control y prevención de enfermedades (*Centers for Disease Control and Prevention*). El programa Vacunas para niños es para niños menores de 18 años que:

- Reúnen los requisitos para el Medicaid.
- No tienen seguro de salud.
- Son descendientes de tribus americanas o de Alaska.
- Cuentan con seguro de salud, pero éste no cubre las vacunaciones. Y, además están atendidos por un centro de salud aprobado por el gobierno federal o por un centro de salud rural.

Pregúntele a su médico o enfermera si participan en el programa Vacunas para niños. También puede obtenerlas en el Departamento de Salud de su ciudad o en los centros de salud comunitarios. Recuerde que para matricular a sus hijos en una guardería o en la escuela, deberá presentar un certificado de vacunación que le suministrará su pediatra. Para saber qué tipo de vacunas necesitan sus hijos y cuándo se las deben aplicar, llame a la línea de vacunaciones:

1-800-232-2522
(marque el 2 para español)

El Medicaid

El Medicaid es un programa de asistencia federal y estatal que cubre parte de los gastos médicos de personas de cualquier edad en ciertas circunstancias, o de aquellas con bajos ingresos y recursos limitados. Los programas de Medicaid varían de un estado a otro, pero cubren la mayoría de los gastos por atención médica si usted reúne los requisitos tanto para Medicare como Medicaid.

Los fondos del Medicaid provienen de impuestos federales, estatales y locales. Este programa es administrado por el gobierno estatal y local, bajo los parámetros del gobierno federal.

Se estima que 36 millones de personas se benefician del Medicaid, entre ellos niños, ancianos, ciegos y discapacitados, así como personas que reciben ayuda financiera federal.

Los requisitos individuales quedan a discreción del estado en el que viva, sin embargo, para recibir ayuda federal, los estados deben ofrecer el Medicaid a la mayoría de los individuos que reciban ayuda financiera federal, como por ejemplo:

- Ciertas familias de escasos recursos con niños.
- Las personas beneficiarias del Seguro de Ingresos Suplementarios (*Supplemental Security Income, SSI*).
- Bebés de madres que son beneficiarias del Medicaid.
- Niños menores de seis años y mujeres embarazadas con ingresos inferiores al 133 % del umbral de pobreza federal.
- Beneficiarios de ayuda por adopción y hogares temporales (*Foster Care*).
- Algunos beneficiarios del Medicare.

Los requisitos para obtener el Medicaid varían de un estado a otro. Para más información, visite:

 **www.cms.hhs.gov/medicaid/**

El Medicare

El Medicare es el programa federal de seguro de salud para ciudadanos o residentes permanentes de Estados Unidos mayores de 65 años (si el beneficiario o su cónyuge trabajó por lo menos 10 años en un empleo que cubría el Medicare), ciertas personas más jóvenes con discapacidades y personas con enfermedad renal en fase terminal (fallo permanente de los riñones con diálisis o trasplante, ESRD).

Los recursos económicos del Medicare provienen de fondos a los que cotizó el beneficiario durante su vida laboral. Los beneficios son básicamente los mismos en todo el país, y el programa es administrado por una agencia del gobierno federal llamada *Center for Medicare & Medicaid Services*. El Medicare se compone de dos partes:

- Parte A: Seguro de hospitalización. La mayoría de las personas obtienen esta parte automáticamente tan pronto como cumplen los 65 años, y no están en la obligación de pagar una prima mensual *(premium)* ya que el beneficiario o su cónyuge pagaron impuestos de Medicare cuando trabajaban. Si el beneficiario o su cónyuge no pagaron impuestos de Medicare cuando trabajaban, pueden comprar el beneficio.
- Parte B: Seguro médico. Paga por los servicios médicos, atención hospitalaria ambulatoria y otros beneficios que no cubre la Parte A. El costo mensual (menos de $60) puede variar cada año. La inscripción en el Plan B no es obligatoria.

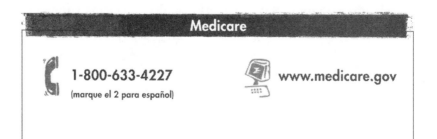

Medicare

1-800-633-4227
(marque el 2 para español)

www.medicare.gov

De la Parte A de Medicare puede beneficiarse, sin tener que pagar, si es mayor de 65 años y además:

- Está percibiendo beneficios de jubilación del Seguro Social (o de la Junta de Jubilación de los Ferrocarriles, *Railroad Retirement Board*).
- Reúne los requisitos para percibir beneficios del Seguro Social (o de la Junta de Jubilación de los Ferrocarriles), pero no los ha solicitado.
- Usted o su cónyuge son funcionarios del Gobierno y cuentan con cobertura de Medicare.

Si es menor de 65 años, puede beneficiarse de la Parte A sin tener que pagar, si además:

- Ha percibido beneficios por discapacidad del Seguro Social (o de la Junta de Jubilación de los Ferrocarriles) durante 24 meses.
- Tiene problemas renales y recibe tratamiento de diálisis o ha recibido un trasplante de riñón.

Si reúne esas condiciones y no tiene que pagar por la Parte A, si lo desea puede pagar por la Parte B.

Servicios para la tercera edad

En Estados Unidos existe un gran respeto por quienes llegan a la tercera edad y hay una amplia variedad de servicios de los que pueden beneficiarse nuestros mayores.
En el sitio web de la Secretaría de Salud y Servicios Humanos encontrará información sobre el tema de la salud:

 **www.hhs.gov**

Allí, seleccione el tema de vejez (*aging*) y encontrará un completo listado de información general, departamentos gubernamentales y organizaciones dedicadas exclusivamente a brindar ayuda no sólo a los ancianos, sino también a sus familiares y a las personas que cuidan de ellos. Por ejemplo, encontrará temas como alcoholismo, Alzhéimer, cáncer, depresión, diabetes, presión arterial alta, estrés, nutrición, medicamentos, etc.

El Departamento de Salud ofrece también un directorio de recursos (*Resource Directory for Older People*) diseñado en colaboración con el Instituto Nacional de la Vejez (*National Institute on Aging, NIA*) y la Administración para la Vejez (*Administration on Aging, AOA*), que cita los nombres de las organizaciones, con sus direcciones, teléfonos, faxes, correos electrónicos y sitios web. El directorio está por orden alfabético de organizaciones y cuenta también con un índice por temas.

 http://www.nia.nih.gov/health/ resource/rd2001.htm

Para más información sobre el Instituto Nacional de la Vejez (*National Institute on Aging, NIA*), visite:

 http://www.nia.nih.gov

Secretaría de Salud y Servicios Humanos de Estados Unidos
U.S. Department of Health & Human Services

1-877-696-6775   www.hhs.gov

200 Independence Avenue, S.W.
Washington, D.C. 20201

Glosario

911: Número telefónico al que se llama para pedir ayuda en caso de emergencia.

Ache: Dolor (headache: dolor de cabeza).

Ambulance: Ambulancia.

Aging: Envejecer.

Appointment: Cita.

Blood preasure: Presión arterial.

Burning: Algo que se está quemando, incendiando.

Caregivers: Personas que brindan cuidado.

Co-payment: Co-pago.

Diseases: Enfermedades.

Dispatcher: Operador(a) telefónico(a) de los servicios de emergencia.

ER: Iniciales de *emergency room*, sala de urgencias.

Emergency: Emergencia.

Firefighter: Bombero.

Generic: Genérico, sin marca comercial.

Health: Salud.

Health insurance: Seguro de salud.

HMO: Iniciales de *Health Maintenance Organization* (Organización para el Mantenimiento de la Salud).

Medicaid: Programa de asistencia federal y estatal que costea parte de los gastos médicos de personas de cualquier edad en ciertas circunstancias, o de aquellas con bajos ingresos y recursos limitados.

Medicare: Programa federal de seguro de salud para ciudadanos o residentes permanentes de Estados Unidos mayores de 65 años y personas más jóvenes con discapacidades.

Immunization: Vacunación.

Injuries: Heridas.

Insurance: Seguro.

Law enforcement officer: Agente de policía.

Network: Red de servicios.

Not network: Que no pertenece a una red de servicios.

Nurse: Enfermero(a).

Nursing Homes: Residencia de ancianos.

Nutrition: Nutrición.

Over the counter: Medicamento que no precisa receta.

PCP: Iniciales de *Primary Care Physician*.

Physician: Médico.

Pain: Dolor.

Paramedic: Paramédico.

Pharmacist: Farmacéutico.

Pharmacy: Farmacia.

Prescription: Prescripción, receta médica.

Public Safety Answering Point (PSAP): Central que atiende las llamadas hechas al 911.

Referral: Referencia.

Refills: En una receta médica, la cantidad de veces que pueden proporcionar un medicamento sin necesidad de una nueva receta.

Robbery: Robo, asalto.

Senior citizen: Ciudadano de la tercera edad.

Sick, sickness: Enfermo, enfermedad.

Specialist: Especialista, como cardiólogo, dermatólogo, etc.

Suspect: Sospechoso.

Traffic accident: Accidente de tráfico.

Unconscious: Inconsciente.

Vaccine: Vacuna.

Wellness: Bienestar.

X-Ray: Radiografía, rayos X, placa.

En resumen...

El 911 es el número telefónico oficial y nacional para informar de emergencias. Puede llamar gratuitamente, lo comunicarán a la mayor brevedad posible con la policía, los bomberos o los paramédicos.

La mayoría de los habitantes del país cuenta con un seguro de salud a través de su empleador, pero se estima que un 30 % no dispone de ningún tipo de seguro.

A las medicinas que no requieren prescripción médica se les llama *over the counter* y son las que usted mismo puede elegir en el mostrador.

Los niños que no cuentan con un seguro médico pueden disfrutar de un seguro de salud gratuito o a muy bajo costo.

En Estados Unidos los niños pueden recibir las vacunaciones necesarias a través del programa Vacunas para niños (Vaccines for Children, VFC), que ofrece vacunas gratis a niños de ciertos grupos sin recursos para pagarlas.

El Medicaid es el programa federal que costea parte de los gastos médicos de personas de cualquier edad en ciertas circunstancias, o de aquellas con bajos ingresos y recursos limitados.

El Medicare es el programa federal de seguro de salud para ciudadanos o residentes permanentes en Estados Unidos mayores de 65 años.

El sitio web del Departamento de Salud ofrece mucha información y enlaces relacionados con el tema de la salud. Visítelo en www.hhs.gov.

11

Empleo
y negocios

Una vez llega a Estados Unidos, el siguiente paso es buscar y encontrar empleo. En este capítulo le daremos ideas para iniciar la búsqueda, le contaremos qué hacer si pierde su trabajo, cuál es el salario justo y por qué no lo deben discriminar. Además le diremos a quién debe acudir si desea iniciar su propio negocio.

En busca de empleo

Una de las principales razones por las que los inmigrantes llegan a Estados Unidos es porque buscan mejores oportunidades económicas y de empleo.

Dicen que éste es el "país de las oportunidades" y si usted no le teme al trabajo, ha llegado al sitio ideal. Le será fácil ubicarse si sabe de antemano cuáles son sus aptitudes, conocimientos y experiencia. Pero lo que definitivamente marcará la diferencia en el tipo de trabajo que va a desempeñar es el dominio del inglés. Pero no se desespere, tampoco debe hablar el inglés a la perfección. Lo que cuenta es la disposición para desempeñar una tarea, las oportunidades ya irán llegando a su paso.

Conseguir un empleo aquí, es parecido a obtenerlo en su país. Comience por dar la voz de que necesita trabajar, quizá un amigo o conocido pueda ayudarlo. Busque en los anuncios clasificados de los periódicos. Fíjese en las vidrieras y puertas de los establecimientos comerciales en un anuncio que diga: *"help wanted"*, y si desea trabajar en una empresa grande, como una cadena de tiendas, restaurantes, supermercados, hoteles, etc., visite el lugar y pregunte dónde puede ver las ofertas de empleo. Es posible que tenga que ir al departamento de recursos humanos de la entidad y rellenar una solicitud de empleo (*application*).

Si tiene acceso a Internet, busque en los sitios web de la empresa en la que le gustaría trabajar (busque bajo *work with us, job opportunites, employment opportunities* o algo similar) o en los sitios web que ofrecen servicios de empleo. También puede acudir a una agencia de empleos gubernamental o a una privada.

Cuando responda a un anuncio, le pedirán por lo general que envíe un *currículum vitae,* hoja de vida o como lo llaman aquí: un *résumé,* es decir, el documento que se le entrega a un posible empleador diciendo quién es usted y cuáles son sus conocimientos, nivel de instrucción y experiencia profesional. Debe presentar este documento de manera limpia y ordenada, ya que será la primera impresión que reciban de usted. Aunque hay gente que opina que el mejor *currículum vitae* es el más largo, en Estados Unidos esto no es habitual, excepto para personas con avanzadas titulaciones académicas y una vasta experiencia.

Lo ideal es que el *résumé* tenga una o dos páginas como máximo. No incluya edad, estado civil ni fecha de graduación (como es ilegal discriminar para contratar a un empleado, esta información resulta irrelevante). No olvide enumerar sus empleos anteriores, citando el nombre del establecimiento o empresa, cargo, responsabilidades. Si no tiene acceso a una computadora, existen muchos negocios que se dedican a pasar documentos en limpio. Imprímalo en papel blanco o beige.

Permiso de trabajo

Los patrones o empleadores tienen la obligación de asegurarse de que sus empleados estén autorizados para trabajar en Estados Unidos. El permiso de trabajo es inherente a su condición de ciudadano o de residente legal. Sin embargo, los asilados, refugiados, estudiantes (para ciertos trabajos), personas con condiciones temporales, prometido(a) de un(a) ciudadano(a) estadounidense, dependientes de oficiales de gobiernos extranjeros, entre otros, necesitan un *Employment Authorization Document (EAD)* o Documento de Autorización de Empleo, que

---

Departamento de Trabajo
U.S. Department of Labor

1-866-4-USA-DOL
(inglés y español)

www.dol.gov

US Department of Labor
Frances Perkins Building
200 Constitution Avenue, NW
Washington, DC 20210

concede la Oficina de Ciudadanía y Servicios de Inmigración. Para solicitar este documento, deberá presentar una solicitud (Formulario I-765, *Application for Employment Authorization*) en la oficina de Servicios de Ciudadanía e Inmigración (vea el capítulo sobre residencia). Para solicitar el formulario, llame al:

1-800-870-3676
(marque el 2 para español)

Si perdió su empleo...

Una vez consiga un empleo, deberá mantenerlo y progresar. Quizás durante su vida laboral deba enfrentarse a un despido, y eso puede ocurrir de dos maneras, por *layoff*, cuando el despido no tiene nada que ver con el desempeño de sus responsabilidades, o cuando lo despiden por no cumplir con su trabajo o por una conducta reprochable (*you are fired*). El *layoff* puede ocurrir cuando:

* Se presentan cambios en la empresa donde trabaja: Si está pasando por una reorganización, los directivos a veces deciden reducir el número de empleados.
* Mala situación del negocio: Es posible que tengan que recortar el contingente laboral.

Obviamente, también una persona puede dejar su empleo de manera voluntaria cuando:

* Decide no trabajar más y se jubila. A veces las compañías ofrecen a sus empleados jubilaciones tempranas a cambio de una compensación económica.
* No está a gusto con su trabajo o por cualquier otra razón decide renunciar voluntariamente.

Subsidio de desempleo

El desempleo, anunciado o repentino, es una de las peores noticias que una persona puede recibir. No sólo por el golpe psicológico y moral, sino económico. Sin embargo, en este país hay algunas bonificaciones que le pueden echar una mano. Hay empleados que reciben un pago adicional cuando la empresa los despide. Es lo que se llama *severance pay*, que por lo menos le servirá mientras consigue otro empleo.

También existe el subsidio o beneficio de desempleo, un programa estatal que da ayuda económica a las personas que han perdido su empleo por causas ajenas a su voluntad o sin culpa, según las pautas ya establecidas por la ley estatal, y que cumplen los debidos requisitos. Cada estado establece la suma y por el tiempo que se ofrecerá el beneficio. Para obtener más información, busque la oficina de desempleo de su estado, que es una dependencia del Departamento de Trabajo (*Department of Labor*). Para localizarla, visite:

 http://workforcesecurity. doleta.gov/map.asp

Para acceder a este beneficio, son requisitos indispensables que la persona haya sido despedida y esté en condiciones de trabajar, disponible y esté buscando trabajo de forma activa.

No reúne los requisitos si ha renunciado voluntariamente o si ha sido despedido por una causa justificada.

Para recibir el subsidio deberá comunicarse con la agencia de seguro de desempleo de su estado (State Unemployment Insurance Agency), tan pronto como sea despedido. En algunos casos podrá presentar la reclamación por teléfono. Unas dos o tres semanas después deberá recibir el primer cheque.

Después de la reclamación inicial, deberá presentar una reclamación semanal o quincenal (tan pronto como terminen la o las semanas) así como responder a cualquier pregunta que le formulen en referencia a su elegibilidad para recibir el subsidio. También deberá informar sobre cualquier ganancia obtenida por trabajos realizados durante ese período, así como cualquier oferta o rechazo de oferta de trabajo que haya tenido lugar. Estas reclamaciones posteriores se pueden realizar por correo o teléfono. Siga las instrucciones que le den en su estado y no falte a ninguna entrevista que concierte con ellos, ya que podría perder el subsidio.

Es posible que cuando se registre para recibir el subsidio de desempleo lo deriven al Servicio de Empleo Estatal (*State Employment Service*), donde le ayudarán a conseguir un trabajo. En algunos estados esto es obligatorio, pero en todo caso vale la pena consultar con esta oficina, que le proporcionará información y le brindará de manera gratuita otros servicios relacionados, como programas de capacitación profesional. También le suministrarán datos sobre ofertas de empleo en su lugar de residencia, e incluso en otras ciudades del estado o del país si deseara mudarse.

Si le niegan el subsidio de desempleo, tiene derecho a apelar la decisión durante cierto límite de tiempo. La misma oficina de subsidio de desempleo le informará al respecto.

En términos generales, el subsidio de desempleo que recibirá será de un porcentaje del salario que devengó durante las últimas 52 semanas hasta un máximo establecido por cada estado. El beneficiario recibirá el subsidio por un máximo de 26 semanas. En algunos casos se pueden recibir pagos adicionales (*Extended Benefits*) cuando los índices de desempleo son altos.

El subsidio de desempleo debe declararse en los impuestos. Quizá usted pueda solicitar en la agencia que le deduzcan los impuestos antes de enviarle el cheque.

Para más información, visite:

 www.dol.gov/dol/topic/unemploy ment-insurance/index.htm

El salario mínimo

La Ley de Estándares de Trabajo Justo, o *Fair Labor Standards Act (FLSA)* es la que establece el salario mínimo (*minimun wages*), el pago por horas extras (*over time*), la contabilidad de las horas de trabajo y normas para el trabajo infantil, que afectan a los empleados que trabajan a tiempo completo (*full-time*) y a media jornada o tiempo parcial (*part-time*), tanto en el sector privado como en el público. El salario mínimo actual es de $5.15 por hora.

El salario mínimo federal vigente es de $5.15 por hora.

La ley dice que el pago de una hora extra debe ser el equivalente a una hora y media del pago regular. Se deben pagar horas extras, u *over time*, por el tiempo trabajado después de las 40 horas de la jornada semanal. Recientemente se ha estado hablando de una reforma por la que los empleadores podrían compensar con tiempo libre las horas extras, de manera que esté atento a las noticias a este respecto. Todas estas normas aplican a empleados cuyo sueldo viene estipulado en función del mínimo de horas.

Aunque la ley del salario mínimo es nacional, muchos estados han establecido la suya propia. Cuando un empleado está sujeto a ambas, la estatal y la federal, predomina la que marque el salario más alto.

Bajo circunstancias, hay empleados que pueden devengar menos del salario mínimo; como ciertos empleados con discapacidades, estudiantes a tiempo completo, menores de 20 años durante los primeros 90 días consecutivos de empleo, los empleados que ganan propinas y los estudiantes en prácticas (mayores de 16 años que están matriculados en un curso vocacional). Cada caso es distinto así que deberá averiguar en el Departamento de Trabajo de su estado cuál es el salario justo.

En el caso de los empleados que reciben propinas, el empleador está obligado a pagarles $2.13 por hora si esa suma, más lo que recibe en propinas, iguala por lo menos al salario mínimo federal ($5.15 por hora). Si no lo iguala, el empleador debe aportar la diferencia.

> El empleador debe pagarles a los empleados que ganan propinas $2.13 por hora, siempre y cuando esa suma, más lo que recibe en propinas, iguale por lo menos al salario mínimo federal.

Los empleados menores de 20 años devengan un salario mínimo de $4.25 la hora, durante los primeros 90 días consecutivos de trabajo, siempre y cuando este empleado no tome el trabajo de otras personas. Después de los 90 días o si el empleado cumple 20 años, lo que ocurra primero, deberá percibir el salario mínimo.

El salario mínimo no aumenta automáticamente. El Congreso habrá de aprobar un proyecto de ley y el presidente deberá promulgarlo para que el salario mínimo aumente.

La División de Sueldos y Horas del Departamento de Trabajo (*Wage and Hour Division*) es la responsable de que se cumpla la ley. Esta división dispone de oficinas en todo el país. Para encontrar la que le corresponde, busque en las páginas azules de su directorio telefónico, bajo *Labor Department*.

La división tiene además una guía de referencia que explica cómo se aplica la ley: *Handy Reference Guide to the Fair Labor Standards Act*. Para solicitar una copia, llame al:

1-866-4-USWAGE
(en inglés y español)

Discriminación en el empleo

Existe una ley federal que prohíbe concretamente la discriminación en el mundo laboral: son las Leyes de Igualdad de Oportunidades de Empleo, *Equal Employment Opportunity Laws (EEO)*.

Esta ley incluye otras como las que prohíben que se discrimine por raza, color, religión, sexo u origen (Derechos Civiles, Título VII, Ley de 1964), la que obliga a pagar el mismo salario a personas de diferente sexo que desempeñen el mismo trabajo (*Equal Pay Act* de 1963, EPA), contra la discriminación debido a la edad que protege a individuos mayores de 40 años (*Age Discrimination in Employment Act* de 1967, ADEA) y la que protege a personas con discapacidades (*Americans with Disabilities Act* de 1990, ADA), entre otras.

La Comisión de Igualdad de Oportunidades de Empleo de Estados Unidos (*U.S. Equal Employment Opportunity Commission, EEOC*) obliga a cumplir estas leyes. Además, supervisa todas las regulaciones, prácticas y políticas federales de igualdad de oportunidades de empleo. Bajo las leyes de discriminación por razones de sexo se amparan las mujeres embarazadas, así como las víctimas de acoso sexual.

Estas leyes dictaminan que es ilegal discriminar en cualquiera de los siguientes aspectos:

- Contratación y despido.
- Compensación, asignación y clasificación de empleados.
- Transferencias, promociones, despidos o recontrataciones.
- Anuncios de empleo.
- Reclutamiento.
- Pruebas.
- Uso de las instalaciones del empleador.
- Formación, o programas de capacitación.

- Bonificaciones.
- Salario, planes de jubilación, licencias.
- Otros términos y condiciones de empleo.

De la misma manera, también están amparadas bajo esta ley:

- Víctimas que sufren acoso en función de raza, color, religión, sexo, país de origen, discapacidad o edad.
- Represalias contra un individuo que haya denunciado un caso de discriminación, participado en una investigación o que se haya opuesto a prácticas discriminatorias.
- Decisiones laborales basadas en estereotipos o suposiciones sobre las capacidades o desempeño de los individuos por su sexo, raza, edad, religión, grupo étnico o por sus discapacidades.
- Negar oportunidades de empleo a una persona por estar casada o por su asociación con individuos de una raza, religión, país de origen determinados o por discapacidad.

Los empleadores deben colocar en un lugar visible para sus empleados la información sobre sus derechos. Muchos estados y ciudades han adoptado leyes contra la discriminación o acoso de individuos provocados por su orientación sexual, estado civil y afiliación política.

En Estados Unidos no le pueden negar trabajo por su condición de extranjero. Es ilegal discriminar a un individuo basándose en su lugar de origen, ancestros, cultura o características lingüísticas.

La Ley de Reforma y Control de Inmigración (*Immigration Reform and Control Act, IRCA*) obliga a los empleadores a asegurarse de que los empleados que contratan tienen autorización para trabajar legalmente en Estados Unidos. Sin embargo, un empleador que les exigiera tal prueba sólo a personas de ciertos países o que prefiriera contratar exclusivamente a ciudadanos violaría la ley. Para más información sobre IRCA:

www.usdoj.gov/crt/osc

1-800-255-7688
(marque el 2 para español)

Si una persona cree que sus derechos laborales han sido violados o un individuo, organización o agencia piensa que los derechos laborales de otra persona han sido violados, puede hacer la denuncia por correo o en persona ante la Comisión de Igualdad de Oportunidades de Empleo de Estados Unidos (*U.S. Equal Employment Opportunity Commission, EEOC)* de su ciudad. Si desea obtener información sobre la oficina más cercana y los procedimientos que debe seguir, llame al:

1-800-669-4000

Su propio negocio

¿Quién no ha soñado con ser su propio jefe y tener su propio negocio? Con esfuerzo, mucho trabajo y buenas ideas ese sueño no es un imposible.

Una excelente fuente de información sobre cómo comenzar a hacer realidad este sueño es la Agencia Federal para el Desarrollo de la Pequeña Empresa (*U.S. Small Business Administration, SBA*). Allí podrá informarse de cuáles son los primeros pasos para abrir un negocio, cómo presentar una propuesta (*proposal*) con la que obtener financiación, cómo saber si está listo para embarcarse en esta aventura, cómo comprar un negocio ya establecido o cómo comprar una franquicia. Para más detalles, visite su sitio web en:

 **www.sba.gov**

Allí encontrará un enlace para leer anexos de la información en español (www.sba.gov/espanol/), así como un directorio en el que le indicarán la oficina más cercana a su lugar de residencia.

Uno de los aspectos legales que ha de considerar para establecer un negocio propio es la manera de estructurarlo. Esto tendrá consecuencias a largo plazo, por lo tanto es recomendable recibir la asesoría de un contable o un abogado. También debe tener en cuenta aspectos como el tamaño y tipo de negocio, el grado de control que aspira a tener, lo expuesto que puede estar a demandas legales, a qué impuestos está sujeto, lo que aspira a ganar o perder, si necesita reinvertir las ganancias o si necesita sacar dinero para su uso personal.

Existen varias formas legales de establecer su propio negocio:

- *Sole Proprietorships*: Así empiezan la mayoría de los pequeños negocios y consiste en que la empresa tiene

Agencia Federal Para el Desarrollo de la Pequeña Empresa
U.S. Small Business Administration, SBA

1-800-U-ASK-SBA
(marque el 1 para español)

www.sba.gov

409 Third Street, SW
Washington, DC 20416

como dueño a un solo individuo, que por lo general está encargado de la operación día a día. Esta persona es propietaria de los activos y las ganancias que se generen, pero de igual manera es responsable de cualquier demanda legal y de las deudas contratadas. Dueño y negocio son la misma entidad.
Éste es el tipo de negocio más fácil de establecer y disolver. Las ganancias se declaran junto con la declaración de renta personal del propietario.

- *Partnership*: Cuando dos o más personas comparten la propiedad del negocio. Como en la anterior, dueños y negocio son una misma entidad ante la ley. Los socios deben tener un acuerdo legal sobre cómo tomar decisiones, compartir las ganancias, resolver cualquier disputa, cómo admitir nuevos socios, de qué manera un socio puede retirarse y cuánto tiempo y capital debe invertir cada uno. Las ganancias se declaran junto con las declaraciones de renta de los propietarios, que a la vez son responsables individual y colectivamente en caso de que se emprenda una acción legal contra la empresa.
Dentro de este tipo de sociedad, existen tres clases: *general partnership, limited partnership* o *partnership with limited liability,* y *joint venture.*

- *Corporations*: Legalmente se considera una entidad separada de sus dueños. Consiste en una empresa que paga sus propios impuestos y, puede ser demandada. Los dueños poseen acciones, y por lo tanto deben elegir una junta directiva que supervise las políticas de la empresa y las decisiones que se tomen. Como la empresa es una entidad independiente, no se disolvería si sus propietarios cambiaran. La ventaja de ésta radica en que sus propietarios tienen una responsabilidad limitada en el caso de que se establezca una demanda contra la empresa. Dentro de las empresas están las *S Corporations*, que son empresas que han elegido un estatus especial de impuestos ante el IRS.

- *Limited Liability Company* (LLC): Es una estructura de negocios que proporciona las ventajas de la responsabilidad limitada en el caso de una acción legal contra la empresa, como el supuesto anterior, pero tiene impuestos y la flexibilidad operativa de una sociedad (*partnership*). Su funcionamiento es más complejo que el de una sociedad.

A la hora de elegir un nombre para su empresa, piense en dos o tres opciones adicionales ya que si alguien registró ese nombre antes usted no lo podrá utilizar, tampoco si el que ha escogido es muy similar a uno ya registrado. Después del nombre deberá añadir la palabra *"Corporation"* o *"Incorporated'* o sus abreviaturas (Corp. o Inc.) si se trata de una corporación, o LLC si se trata de una *Limited Liability Company*.

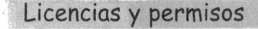

Licencias y permisos

Recuerde que en Estados Unidos la mayoría de los negocios requieren la obtención de permisos o licencias para ejercer la actividad, como es el caso de restaurantes, salones de belleza, etc. Estas licencias pueden ser requeridas por las ciudades, condados y/o los estados. Para más información al respecto, consulte con la agencia de desarrollo económico de su ciudad. También puede visitar el sitio:

 www.sba.gov/hotlist/license.html

Glosario

Abilities: Capacidad, talento, aptitud.
Age: Edad.
Application: Solicitud, formulario.
Assets: Capital, fondos.
Benefits: Beneficios adicionales al salario, como seguro de salud, planes de pensiones, etc.
Boss: Jefe.
Business: Negocio.
Claimants: Quienes presentan una reclamación, solicitan un beneficio.
Corp.: Abreviatura de *Corporation*.
Corporation: Empresa, una de las formas legales de establecer un negocio.
Co-workers: Compañeros de trabajo.
Debts: Deudas.
Discrimination: Discriminación.
Dissolve: Disolver, terminar una sociedad.
Earnings: Ganancias.
Employee: Empleado.
Employer: Empleador.
Employment: Empleo.
Employment Authorization Document (EAD): Documento de Autorización de Empleo.
Experience: Experiencia.
File the claim: Presentar una reclamación o solicitar un beneficio.
Full-time: Tiempo completo.
Health insurance: Seguro de salud.
Help wanted: Manera de solicitar empleados en un negocio.
Inc.: Abreviatura de *Incorporated*.
Incorporated: Tipo de empresa, una de las formas legales de establecer un negocio.
Job: Trabajo, empleo.
Job openings: Empleos disponibles.
Layoff: Despido.

Liability: Riesgo, exposición (a una demanda, por ejemplo).
License: Licencia, permiso.
LLC: Abreviatura de *Limited Liability Company*, una de las formas legales de establecer un negocio.
Losses: Pérdidas.
Manager: Gerente, administrador.
Minimum wage: Salario mínimo.
Offer: Oferta.
Over time: Horas extra.
Ownership: Propiedad.
Partners: Socios.
Partnership: Sociedad.
Part-time: Tiempo parcial, a media jornada.
Permits: Permisos.
Profits: Ganancias.
Promotion: Ascenso.
Proposal: Propuesta.
Raise: Aumento de salario.
Résumé: Currículum, hoja de vida.
Retirement benefits: Beneficios de jubilación.
Salary: Salario, sueldo.
Schedule: Horario.
Severance pay: Indemnización.
Shareholders: Accionistas.
Shift: Turno, horario (*night shift*, turno nocturno).
Sue: Demandar.
Supervisor: Supervisor, jefe inmediato.
Taxes: Impuestos.
Training programs: Programas de capacitación o formación.
Unemployment benefits: Subsidio de desempleo.
Unemployment Insurance Program: Programa de Seguro de Desempleo.
Work: Trabajo.

En resumen...

A la hora de buscar trabajo debe cubrir todos los frentes posibles. Fíjese en los anuncios de los periódicos, en las vidrieras y las puertas de los establecimientos comerciales.

El desempleo anunciado o repentino es una de las peores noticias que una persona puede recibir. Sin embargo, en este país hay algunos programas que lo pueden ayudar.

Aunque el salario mínimo se establece a escala nacional, muchos estados han marcado uno propio. Cuando el salario de un empleo está sujeto a las dos leyes, la estatal y la federal, usted tiene derecho al que sea más alto.

Existen leyes federales que prohíben la discriminación en el mundo laboral. Se llaman leyes de igualdad de oportunidades de empleo.

Una excelente fuente de información sobre cómo comenzar su propio negocio es la Agencia Federal para el Desarrollo de la Pequeña Empresa (*U.S. Small Business Administration*, SBA).

En Estados Unidos la mayoría de los negocios requieren la obtención de permisos o licencias para funcionar.

Economía
y finanzas

El crédito es una de esas palabras que continuamente estará escuchando y, muy seguramente, será la herramienta que necesite para abrir las puertas de un próspero futuro económico. En este capítulo le hablamos de ello y de otros aspectos relacionados con las finanzas: cómo abrir una cuenta bancaria, la mejor manera de enviarle dinero a su familia, qué hacer cuando las cosas no están bien y debe declararse en bancarrota. Y algo muy importante que todo habitante de este país debe conocer: su obligación de pagar impuestos. También le recomendaremos qué hacer para no ser víctima del robo de identidad, en qué consiste la refinanciación de una hipoteca y la importancia de obtener un seguro de vida.

Cuentas bancarias

Abrir una cuenta bancaria es en realidad un trámite sencillo que puede llevar a cabo en persona y hasta por Internet o teléfono, en función de la entidad bancaria que elija.

El procedimiento normal es que se presente en persona en el banco de su elección y solicite hablar con un agente. Es recomendable acudir a una sucursal cerca de su casa o del lugar de trabajo (de manera que le quede fácil ir en cualquier momento o regresar).

Lo más probable es que le pidan su número de seguro social (si lo tiene), pasaporte, licencia de conducir o identificación, y una suma en efectivo para depositar (que por lo general puede ser de $25 dólares para un tipo de cuentas o de $100 para otras, dependiendo del banco).

Si abre una cuenta de cheques regular, inmediatamente le darán una chequera genérica, y luego por correo le llegarán los cheques con su nombre y dirección impresos. También puede solicitar una tarjeta para retirar dinero del cajero automático (ATM) o las muy populares *check cards* o tarjetas de débito, que lucen y funcionan como una tarjeta de crédito, pero en lugar de pagar intereses y cuotas mensuales, la suma que gasta es deducida del saldo positivo de su cuenta bancaria.

Existen diferentes tipos de cuentas bancarias. Los costos de mantenimiento y servicios pueden variar, dependiendo de su saldo mínimo, etc. Lo mejor es preguntar en el banco qué tipo de cuentas ofrecen y cuáles son sus ventajas, desventajas y costos.

Envíos de dinero a su país

Las épocas en que se podía enviar dinero en efectivo por correo ya pasaron, primero por el peligro que esto representaba, segundo por el tiempo que tomaba.

Lo mejor y más seguro es acudir a una agencia de transferencias de dinero o hacer transferencias bancarias. La primera le permite a su familia retirar el dinero en efectivo donde le indique la agencia de transferencia. Además, usted puede realizar la transferencia en persona, por Internet o hasta por teléfono (según la agencia que elija).

La transferencia bancaria es una transacción entre su banco y el banco de su familia en el extranjero. El dinero se deposita directamente en la cuenta de su familiar. Para esto, debe proveerle a su banco la siguiente información: nombre del banco, código de la sucursal y número de la cuenta.

En el caso de las agencias, muchas ofrecen servicio instantáneo, mientras que las transferencias bancarias pueden tomar dos o tres días en hacerse efectivas. Tanto la agencia de transferencias como el banco cobran un suma por realizar la transacción. Aunque los costos varían, no elija la agencia o el banco basándose en quién le cobra menos, sino en el prestigio de la institución. A veces por ahorrarse unos dólares se puede ganar un dolor de cabeza.

El crédito

El diccionario define la palabra crédito como "el acto por el cual un banco u organismo financiero efectúa un anticipo de fondos". En Estados Unidos el crédito es el motor de la economía. Éste es el país del "compre ahora y pague después", por eso aquí un buen crédito puede constituir la diferencia entre una vida tranquila u otra con complicaciones, económicamente hablando.

Gracias al crédito, usted puede adquirir posesiones que difícilmente podría pagar al contado, como una casa o un automóvil. También le ahorrará tener que andar por la calle con dinero en efectivo en sus bolsillos y podrá adquirir cosas en un momento dado, a sabiendas de que tendrá que pagarlas poco a poco y con recargos mensuales o intereses, que viene siendo la ganancia que obtiene el prestamista.

Establecer un buen historial crediticio requiere paciencia,

organización y cumplimiento. El crédito es su propia imagen, una mezcla de su cualidades personales y financieras. Un prestamista le ofrece crédito basándose en la confianza de que usted le pagará. El premio a un buen crédito son tasas de interés más bajas y mayores facilidades de pago. Para establecer su crédito, comience por solicitar una de las siguientes cosas:

- Tarjeta de crédito asegurada: Requiere que deposite cierta suma en una cuenta de la entidad que expide la tarjeta, que por lo general será un banco. El límite de crédito será igual a la suma que depositó, pues en caso de que usted no les pueda pagar, ellos ya tendrían el dinero asegurado.
- Tarjeta de crédito de una tienda: Asegúrese de que ellos informen a una de las tres grandes agencias de crédito de manera que se vaya formando su historial. De otra manera, no le servirá de nada.
- Tener un fiador: No es la mejor solución pues implica mucho riesgo para quien se hace responsable de su deuda, ya que éste no sólo tiene la obligación de pagar si usted no lo hace, sino que el problema afectará al historial crediticio de los dos.
- Que un amigo o familiar obtenga una tarjeta de crédito adicional para usted. Es buena idea, siempre y cuando usted no la use (si lo hace pague puntual) y su amigo o familiar pida que se informe la actividad de esa tarjeta en el historial de crédito de los dos.

Las transacciones hechas con sus tarjetas de cajero automático (ATM), *check cards* o tarjetas de débito, no se reflejan en los historiales crediticios, por lo tanto, no le sirven para establecer crédito.

Para solicitar una tarjeta de crédito o un préstamo tendrá que rellenar una solicitud, que no sólo contendrá sus datos personales, sino que reflejará cuán estable es usted. Por ejemplo, si en la solicitud se ve que cambia de empleo y/o de vivienda con frecuencia, puede indicar que usted es una persona inestable. Si por el contrario muestra estabilidad en materia de vivienda y empleo, dispone de su cuenta de ahorros y en general es organizado, será más fácil que lo aprueben. También indicará sus ingresos y le pedirán una explicación de sus gastos, así el prestamista sabrá cuánto puede prestarle y cuánto podrá usted pagarle.

La aprobación es una cuestión de quién presenta mayor riesgo de no pagar la deuda. El perfil de crédito no lo hace a usted una buena o mala persona, simplemente si con usted como deudor arriesgan mucho o poco. Si no lo aprueban es porque usted demuestra que no puede pagar, sin importar sus buenas intenciones. Pero las instituciones quieren prestarle dinero, y le darán toda clase de facilidades, aunque cuanto más riesgo asuman, mayor interés le cobrarán.

Antes de solicitar un préstamo o una tarjeta, investigue bien, lea la letra menuda, verifique la legitimidad de la compañía que se lo ofrece y no se deje impresionar por los nombres. Muchas veces las personas se aterran cuando descubren que las condiciones del préstamo son muy diferentes de las que se imaginaron. Tenga muy claro cuáles serán los intereses, los gastos, las penalizaciones y los requisitos de pago.

Tenga cuidado con la información personal que suministra. NUNCA facilite información personal por teléfono si no es usted quien ha efectuado la llamada y si no está completamente seguro de que se la está dando a la entidad financiera adecuada.

Historial crediticio

El historial crediticio conocido en Estados Unidos como el *Credit Report* es la historia de sus pagos, cuánto debe y si tiene demasiadas cuentas pendientes. También informa de cuál es su dirección, su dirección anterior y algunas veces quién es su empleador.

A medida que usted va pagando sus deudas y va obteniendo más crédito, se va creando su historial de crédito. En él consta si le han cobrado deudas, si no ha efectuado pagos, si tiene embargos o si se ha declarado en bancarrota.

Existen organismos especializados en recopilar, analizar y calificar su estado financiero, así como en mantener actualizado su historial de crédito, el cual está disponible para que quien lo solicite —con su permiso— pueda determinar si usted es buen o mal deudor.

Por eso es bueno utilizar el crédito responsablemente para que quede constancia de que usted no sólo lo utiliza, sino que lo hace bien y sólo de forma puntual.

> Es buena idea obtener una copia de su *credit report* para verificar que todo esté en orden y corregir cualquier error antes de solicitar un préstamo.

La información de estas oficinas de crédito (*Credit bureaus*) proviene de diferentes fuentes, por ejemplo de las solicitudes que usted mismo rellena, de los informes que envían las compañías que le proporcionan créditos o le venden seguros, y de los archivos públicos como cortes y agencias tributarias.

Las tres agencias de crédito nacionales más grandes son Equifax, TransUnion Corporation y Experian. Cada una trabaja independientemente y recopila su propia información, por ende es posible que usted tenga tres, en lugar de sólo un historial de crédito.

Basándose en su historial crediticio y en su solicitud, las agencias de crédito le otorgarán unos puntos en función de los que se calificará su crédito. Esta escala se conoce como *FICO score*, y va de 0 a 900 puntos. Cada entidad financiera fija el número de puntos que debe alcanzar una persona si desea ser aprobada para un préstamo o crédito sin cumplir más requisitos o si se le cobrará un interés más o menos alto.

Es buena idea obtener una copia de su *credit report* para comprobar que todo esté en orden y corregir cualquier error antes de solicitar un préstamo.

Las razones por las que le pueden negar un préstamo o crédito son variadas, entre ellas por insuficiencia de ingresos, historial de empleos muy cortos, demasiadas cuentas pendientes, historial negativo de crédito, no tener abierta una cuenta de banco (corriente o de ahorros), etc.

Si le negaran un crédito, la institución debería hacerlo por escrito a los 30 días de su solicitud, indicando la razón y cuál fue la agencia de crédito que le proporcionó la información en la que se basó la decisión. Una vez que reciba la carta, dispone de 60 días para solicitar a esa agencia de crédito una copia gratis de su *credit report*. En la carta que les envíe debe incluir su nombre, dirección, número de Seguro Social y fecha de nacimiento, así como una fotocopia de la carta en que le negaron el crédito. Unas dos semanas después deberá recibir su historial de crédito. Entonces comuníquese con la institución que le negó el crédito para que le digan cuál fue el problema y cómo puede resolverlo.

Bancarrotas

La bancarrota es una declaración legal de su incapacidad para pagar las deudas. Cuando usted se declara en bancarrota está diciéndole a sus acreedores que no les puede pagar en ese momento, pero que está planeando la manera de pagarles parcial o totalmente las deudas. Una vez acuda al tribunal, todas las formas de cobro contra usted deberán cesar, no podrá adquirir nuevas obligaciones y sus bienes serán congelados.

Una persona puede declararse en bancarrota un número ilimitado de veces durante su vida, pero sólo una vez cada seis años.

Antes de iniciar un trámite de esta envergadura, es recomendable asesorarse con un buen abogado, que ya conocerá el camino y podrá orientarlo. La bancarrota debe presentarse ante las Cortes de Bancarrota de Estados Unidos (*United States Bankruptcy Courts*). Las cortes federales son las que tienen jurisdicción exclusiva sobre los casos de bancarrota. La bancarrota no se presenta ante una corte estatal. Existen 94 distritos judiciales federales que tienen competencia sobre los temas de bancarrota. Para encontrar el que le corresponda, visite:

 **www.uscourts.gov/links.html**

La bancarrota persigue dos objetivos: El primero, darle a un deudor honrado la oportunidad de un nuevo comienzo, relevándolo de la mayoría de sus deudas.

El segundo, pagar a los acreedores de una manera ordenada en la medida que el deudor disponga de medios para pagar.

Un caso de bancarrota comienza cuando se presenta una petición, junto con comprobante del estado en el que se encuentran sus bienes, las obligaciones contraídas y una lista de acreedores. Es recomendable asesorarse con un abogado, pero si decide hacerlo solo, puede obtener todos los formularios necesarios en la mayoría de las tiendas especializadas en productos para oficinas. Un individuo (no una empresa) se puede acoger a dos tipos de bancarrota:

- Capítulo 7/*Chapter 7*: Usted le solicita a la corte que diseñe un plan para que pueda pagarle a sus acreedores. Sus bienes son congelados y se asigna a un fideicomisario (*trustee*) que tomará el control de sus finanzas. Esta persona evaluará sus bienes, ingresos y deudas, y creará un plan para distribuir sus bienes de manera justa entre sus acreedores. Dependiendo de las leyes del estado donde viva, se le permitirá conservar parte de su propiedad, para que pueda llevar un estilo de vida razonable y modesto. Sus ingresos estarán protegidos, de manera que podrá seguir manteniendo a su familia. Una vez sus bienes sean distribuidos entre los acreedores, se le perdonarán los balances que queden, exceptuando algunas obligaciones como pagos de manutención (*child support* y *alimony*) y obligaciones judiciales. Al final y dependiendo de sus circunstancias, quedará libre de deudas pero habrá dañado su historial de crédito. La bancarrota permanecerá en su historial por diez años.

* Capítulo 13/*Chapter 13*: Es un plan más flexible que el Capítulo 7. Usted mismo diseñará el plan para pagar sus deudas. Después de registrar la bancarrota ante la corte, le presentará su propio plan para saldar sus obligaciones dentro de un plazo de tres a cinco años.
Si la corte acepta, deberá pagarle al fideicomisario de su caso, quien además supervisará su situación y distribuirá sus pagos entre los acreedores.
La bancarrota permanecerá en su historial por siete años. Si la corte no aceptara su plan, puede presentar otro o ampararse bajo el Capítulo 7.

Existen diferentes costos en los casos de bancarrota, dependiendo del tipo de bancarrota al que se vaya a acoger y el estado donde viva. El más común para individuos es el Capítulo 7, que incluye la liquidación casi completa de sus bienes así como la absolución de la mayoría de las deudas. El costo es de aproximadamente $200 por registrar (*to file*) la bancarrota. Para más información, visite:

www.uscourts.gov/bankruptcycourts.html

El robo de identidad

Las personas que están ansiosas por conseguir crédito son las más vulnerables de convertirse en posibles víctimas de estafas. Algunas de estas estafas son claramente ilegales, mientras que otras se valen de artimañas para darles aspecto de legalidad.

Una de las estafas más comunes hoy en día es el robo de identidad (*identity thief*), el delito de mayor crecimiento en el país. Consiste en que una persona se hace pasar por usted y utiliza su información financiera para adquirir mercancías o solicitar préstamos, tarjetas de crédito, servicios y hasta hipotecas.

No hay síntomas de que una persona haya sido víctima del robo de identidad.

Por lo general, uno se da cuenta cuando el daño ya está hecho. Algunas señales de alarma son:

- No le llega su estado de cuenta bancario o el estado de cuenta mensual de su tarjeta de crédito.
- Le niegan una solicitud de crédito por razones poco claras.
- Le comienzan a llegar recibos de compañías que no reconoce.
- Le tratan de cobrar cuentas que usted desconoce que existen.

Esta estafa puede ocurrir si el estafador tiene acceso a su información personal cuando:

- Le roban la billetera con sus identificaciones y tarjetas de crédito.
- Le roban el correo.
- Rellenan un formulario de cambio de dirección para que su correo llegue a otro sitio.
- Revisan su basura para obtener información a través de documentos y recibos que usted ha desechado.

Para protegerse, es conveniente:

- No llevar la tarjeta ni el número del Seguro Social consigo.
- Reduzca el número de tarjetas de crédito que lleva en su billetera y cancele las tarjetas de crédito que no utiliza. Destruirlas no es suficiente, tiene que llamar a la institución que se las expidió.
- Revise con cuidado los estados de cuenta de sus tarjetas de crédito e informe de cualquier compra que no haya hecho o autorizado.
- Antes de desecharlos rompa bien los recibos de las tarjetas de crédito, promociones de tarjetas de crédito (preaprobadas o no), cheques cancelados, documentos financieros o cualquier papel que contenga información personal.
- No dé información personal a nadie que lo llame.
- Nunca escriba sus claves de tarjetas (PIN) o contraseñas (*passwords*). Memorícelas.

Para más información, visite:

 www.usdoj.gov/criminal/ fraud/idtheft.html

El IRS y los impuestos

IRS son las siglas del *Internal Revenue Service*, o Servicio de Rentas Internas, que es la agencia nacional encargada de recaudar los impuestos. El IRS forma parte del Departamento del Tesoro y es una de las agencias de impuestos más eficiente del mundo.

Los habitantes de Estados Unidos deben pagar diferentes tipos de impuestos: federales, estatales y locales. Los impuestos gravan los ingresos, la propiedad y las ventas (es el porcentaje que le cobran en las tiendas conocido como *sales tax*).

El impuesto federal anual corresponde al año natural, de enero a diciembre, y el plazo para presentarlo ante el IRS es hasta el 15 de abril del año siguiente. De acuerdo con sus ingresos, gastos, condiciones familiares, donaciones, etc., habrá de pagar impuestos o recibir un reembolso por el exceso pagado durante el año.

En el sitio web del IRS (www.irs.gov) explican detalladamente quiénes deben presentar la declaración, pero en términos generales, están sujetos a esta obligación:

- Solteros, menores de 65 años y si su ingreso bruto anual (*gross income*, sin deducciones) fue de por lo menos $7,700.
- Solteros, mayores de 65 años y si su ingreso bruto anual fue de por lo menos $8,850.
- Casados que presentan la declaración junto con su cónyuge, si ambos son menores de 65 años y si su ingreso bruto anual fue de por lo menos $13,850.
- Casados que presentan la declaración junto con su cónyuge, si uno de los dos es mayor de 65 años y si su ingreso bruto anual fue de por lo menos $14,750.
- Casados que presentan la declaración junto con su cónyuge, si ambos son mayores de 65 años y si su ingreso bruto anual fue de por lo menos $15,650.
- Casado que presenta su propia declaración de impuestos, y si su ingreso bruto anual (*gross income*, sin deducciones) fue de por lo menos $3,000 sin importar la edad.

Servicio de Rentas Internas
Internal Revenue Service, IRS

1-800-829-4477
(marque el 2 para español)

www.irs.gov

- Cabeza de familia menor de 65 años si su ingreso bruto anual fue de por lo menos $9,900.
- Cabeza de familia mayor de 65 años si su ingreso bruto anual fue de por lo menos $11,050.
- Viudo o viuda menor de 65 años con un hijo dependiente, si su ingreso bruto anual fue de por lo menos $10,850.
- Viudo o viuda mayor de 65 años con un hijo dependiente, si su ingreso bruto anual fue de por lo menos $11,750.

El ingreso bruto (*gross income*) es el total de los ingresos que usted percibe en forma de dinero, bienes, propiedad y servicios que no están exentos de impuestos. Incluso si usted piensa que su ingreso bruto fue inferior al máximo correspondiente a su edad y condiciones personales, debe declarar impuestos.

Los residentes y no residentes declaran impuestos de manera distinta. Usted se considera no residente por el período en que ha permanecido en el país sin ser ciudadano o residente legal de Estados Unidos. Se le considera residente si:

- Durante el año fue residente permanente de Estados Unidos, de acuerdo con las leyes de inmigración.
- Si ha estado físicamente presente en el país por lo menos 31 días durante el año y 183 días durante un período de tres años, incluido el año en curso o dos años inmediatamente antes. Aplican excepciones.

Los formularios son diferentes para residentes y no residentes. La publicación 519 del IRS *U.S. Tax Guide for Alien*, lo explica con más detalle. Para más información, visite www.irs.gov, escuche la información grabada llamando al 1-800-829-4477 (para español marque 2) o hable con un representante llamando al 1-800-829-1040 (para español marque 8). Para solicitar formularios o publicaciones: 1-800-TAX-FORM (1-800-829-3676).

Formulario W-2

Uno de los documentos que necesitará para presentar su declaración de impuestos es el llamado Formulario W-2. Éste es un formulario que debe entregarle su patrón o empleador en el que aparece el nombre completo y dirección del empleado y el empleador, y el número de Seguro Social del empleado. En dicho formulario se detalla el total de su salario y las sumas que le dedujeron por:

* Impuestos federales (*Federal Income Tax Withheld*).
* Impuesto de Seguro Social (*Social Security Tax Withheld*).
* Impuesto del Medicare (*Medicare Tax Withheld*).

Este formulario por triplicado (original y dos copias) debe llegarle por correo durante el mes de enero. Si a principios de febrero no estuviera en su poder, debe pedirle a su empleador que se lo dé o que le facilite un duplicado.

Adjunte el Formulario W-2 a su declaración de impuestos, así como el resto de la documentación que sea pertinente.

El Formulario W-2 detalla el total de su salario y las sumas que le dedujeron por impuestos durante el año.

Refinanciación de hipotecas

El préstamo hipotecario con el que adquirió su vivienda se puede refinanciar. Al reducir la tasa de interés, los pagos mensuales también bajarán. Asimismo, la vida del préstamo se puede acortar si decide no volver a empezar con uno a 30 años y elige uno a 20, 15 ó 10 años. En resumen, éstas son algunas razones para refinanciar:

- Obtener una tasa de interés más baja.
- Que el valor líquido (*equity*) se acumule más rápido.
- Cambiar el tipo de préstamo.
- Aprovechar las mejoras en su historial crediticio.
- Retirar una suma de dinero del valor líquido (*equity*) acumulado.

La refinanciación conlleva muchos de los requisitos y procedimientos de un préstamo hipotecario. Sin embargo, quizás haya otros pasos y gastos envueltos en la transacción.

Primero tendrá que rellenar una solicitud de préstamo, con información sobre su estado financiero, historial crediticio, valor en el mercado y valor líquido (*equity*) de la propiedad. El prestamista querrá comprobar su empleo e ingresos, deudas, bienes, cuentas bancarias y sus balances, revisión del título de propiedad, linderos y tasación de la propiedad. Asimismo, deberá presentar información sobre su pago mensual y balance de la hipoteca actual, prueba de pago de impuestos y seguros de la propiedad, así como los datos del prestamista actual.

Los costos de cierre de la refinanciación son similares a los del préstamo original. Deberá pagar por la solicitud, seguros de título, tasación, apertura del préstamo, etc. Algunos de estos son negociables y hasta innecesarios. Consulte con la entidad que le dará el préstamo. Por cierto, acuda a varios prestamistas (*mortagage lenders*) para ver qué le pueden ofrecer. Comience por la compañía que le concedió la hipoteca vigente, quizá le puedan ofrecer algo mejor y se evite algunos de los costos y requisitos.

Las hipotecas aseguradas por el FHA también se pueden refinanciar con un procedimiento simple, pero debe cumplir, entre otros, los siguientes requisitos:

- Los pagos deben estar al día.
- No puede extraer dinero en efectivo.
- El importe del nuevo préstamo no puede exceder el importe del préstamo original.

Para más información sobre refinanciación:

www.fanniemae.com/homebuyers/ findamortgage/refinancing/

1-800-732-6643
(marque el 2 para español)

Seguros de vida

El objetivo de un seguro de vida es darle a la familia o beneficiarios una ayuda financiera que sustituya los ingresos que dejan de percibir cuando quien los sostiene fallece. Hay quienes recomiendan comprar una póliza de seguro de vida que indemnice con una suma equivalente a seis u ocho veces el ingreso anual de quien compra la póliza.

Una vez determine la suma del seguro de vida, deberá decidir el tipo de seguro entre: *term life insurance, permanent life insurance, whole life insurance, universal life, variable life, mortgage protection life insurance, credit life insurance*, etc.

Cuando adquiera el seguro, lo someterán a un sencillo examen médico; si los resultados son satisfactorios para la compañía, le extenderán el seguro. El costo de la prima mensual depende de diversos factores como el sexo, la edad y si se es o no fumador.

Glosario

Account: Cuenta.
Application fee: Costo de presentar una solicitud.
Appraisal: Tasación.
ATM: Cajero automático.
Bankruptcy: Bancarrota.
Beneficiary: Beneficiario.
Branch: Sucursal.
Check card: Tarjeta de débito. Funciona como una tarjeta de crédito, pero deduce los gastos directamente de la cuenta corriente.
Checking: Cuenta corriente, de cheques.
Child support: Pagos de manutención de los hijos.
Closing: Cierre, culminación de un negocio o hipoteca.
Cosigner: Codeudor.
Costs: Costos, gastos.
Credit: Crédito.
Credit bureaus: Agencias que recopilan la información crediticia y redactan el informe de crédito.
Credit card: Tarjeta de crédito.
Credit history: Historial crediticio.
Credit report: Informe del historial crediticio.
Debit card: Tarjeta de débito. Actúa como una tarjeta de crédito, deduce los gastos de la cuenta.
Debts: Deudas.
Equity: Valor líquido de una propiedad o patrimonio neto.
Federal Income Tax Withheld: Impuestos federales sobre los ingresos.
FICO Score: Puntuación que otorgan las agencias de crédito para calificar su historial crediticio.
Fine print: Letra menuda, usualmente incluye las condiciones y términos de un préstamo o tarjeta de crédito. Siempre debe leerla y entender lo que dice, para no llevarse sorpresas.
Gross income: Ingreso bruto sin deducciones de ningún tipo.
Homeowners: Propietarios de una vivienda.
Identity thief: Robo de identidad.
Income: Ingreso.
Income tax: Impuesto sobre la renta.
Interest: Interés.
Interest rate: Tasa de interés.
Internal Revenue Service, IRS: Servicio de Rentas Internas.
Investments: Inversiones.
Lender: Prestamista.
Life insurance: Seguro de vida.
Loan application: Solicitud o formulario para pedir un préstamo.
Lower: Inferior, reducir.
Medicare Tax Withheld: Impuesto del Medicare.
Money transfer: Transferencia de dinero.
Mortgage: Hipoteca.
Password: Contraseña.
PIN (Personal Identification Number): Número de identificación personal.
Pre-approved: Pre-aprobado.
Property value: Valor de la propiedad.
Rate: Tasa.
Refinance: Refinanciar.
Requirements: Requisitos.
Savings: Ahorros.
Social Security Tax Withheld: Impuesto de Seguro Social.
Statement: Extracto (bancario).
Tax: Impuesto.
Title: Título de propiedad.
Trustee: Fideicomisario, administrador legal.

En resumen...

El mejor lugar para guardar su dinero es un banco. Abrir una cuenta en una entidad bancaria es un trámite sencillo.

No envíe dinero en efectivo o en cheque por correo. Lo más seguro y rápido es acudir a una agencia de transferencias de dinero o hacer una transferencia bancaria.

En Estados Unidos, un buen crédito puede resultarnos conveniente y ayudarnos a organizar la vida. De la misma manera, un mal crédito puede convertirse en una pesadilla.

Nunca dé información personal por teléfono si no es usted quien ha hecho la llamada y tiene el convencimiento pleno de que se la está facilitando a la institución financiera adecuada.

Si usted se declara en bancarrota está diciéndole a sus acreedores que no les puede pagar en ese momento, pero que está planeando la manera de pagarles parcial o totalmente la deuda.

El préstamo hipotecario con el que adquirió su vivienda se puede refinanciar. Al reducir la tasa de interés, los pagos mensuales también bajarán. Asimismo, la vida del préstamo se puede acortar.

13

Directorio

A continuación encontrará un listado de instituciones que brindan información y ayuda sobre diversos temas. Muchas de ellas ofrecen información en español, si no es así, solicítele a quien le conteste que lo ayude en su idioma. Como último recurso, pídale a un familiar o amigo que hable inglés que le colabore, pero no deje que la barrera del idioma interfiera en su búsqueda.

ASISTENCIA LEGAL
- Consejería sobre las prácticas injustas contra empleados inmigrantes (*Special Counsel for Immigration Related Unfair Employment Practices*) 1-800-255-7688 (2 para español)
- *The Fatherhood project*, ofrece orientación y asistencia legal para padres solteros, 212-465-2044.

DOCUMENTOS
- Comisión Federal de Elecciones (*Federal Election Commission*) Para obtener tarjeta de votación. 1-800-424-9530 www.fec.gov
- Oficina de Pasaportes http://travel.state.gov/passport_services.html
- Oficina de Vital Statistics Para obtener copias y certificados de nacimiento, defunción, matrimonio y divorcios. www.cdc.gov/nchs/nvss.htm
- Social Security Administration 1-800-772-1213 www.ssa.gov

EDUCACIÓN
- 4-H Council www.fourhcouncil.edu
- Biblioteca para minusválidos y ciegos 1-800-424-8567
- Boys and Girls Club of America 1-800-854-CLUB (1-800-854-2582) www.bgca.org
- Centro de Información sobre Ayuda Estudiantil Federal 1-800-433-3243 www.ed.gov/studentaid
- Departamento de Educación (*U.S. Department of Education*)

400 Maryland Avenue, SW Washington, DC 20202 1-800-USA-LEARN (1-800-872-5327) www.ed.gov
- Escuelas Charter www.uscharterschools.org
- Home School www.nhen.org www.homeschool.com
- Sociedad Internacional de Dislexia (*International Dyslexia Society*), 1-800-222-3123
- YMCA 1-888-333-YMCA (1-888-333-9622) www.ymca.net

EMPLEO Y NEGOCIOS
- Agencia Federal para el Desarrollo de la Pequeña Empresa (*U.S. Small Business Administration, SBA*) 1-800-U-ASK-SBA (1 para español) www.sba.gov
- Comisión de Igualdad de Oportunidades de Empleo de Estados Unidos (*U.S. Equal Employment Opportunity Commission, EEOC*) 1-800-669-4000
- Departamento del Trabajo (*US Department of Labor*) 1-866-4-USA-DOL (1-800-4-872-365) www.dol.gov
- *Hispanic Alliance for Career Enhancement, HACE;* orientación para profesionales hispanos en busca de trabajo, 1-312-372-4865.
- Ley de Reforma y Control de Inmigración (*Immigration Reform and Control Act, IRCA*) 1-800-255-7688

www.usdoj.gov/crt/osc
- *United States Federation of Small Business*, asistencia para propietarios de pequeños negocios
1-800-827-5722

ESTADOS UNIDOS

- Cámara de Representantes (*House of Representatives*)
Washington D.C. 20515
202-224-3121 www.house.gov
- Oficina del Censo
www.census.gov
- Partido Demócrata
Democratic National Committee
430 S. Capitol St. SE
Washington, DC 20003
202-863-8000
www.democrats.org
- Partido Republicano
Republican National Committee
310 First Street, SE
Washington, DC 20003
202.863.8500
www.republicans.org
www.rnc.org
- Senado de EE.UU.
202-224-3121
www.senate.gov
Para escribirle a un senador:
Office of Senator (Nombre del Senador)
United States Senate
Washington, D.C. 20510
Para escribirle a los comités del Senado:
(Nombre del Comité)
United States Senate
Washington, D.C. 20510

FAMILIA

- Asociación Americana de Terapistas Matrimoniales y de Familia (*American Association of Marriage and Family Therapists*)
1-703-838-9808
- *Convenant House*, ofrece asistencia a niños y jóvenes sin hogar
1-800-999-9999
- *Child Care Aware*
1-800-424-2246
- Línea de emergencia para la violencia doméstica (*National Domestic Violence Hotline*)
1-800-799-SAFE
(1-800-799-7233)
- Línea de emergencia para niños perdidos (*National Hotline for Missing Children*)
1-800-THE-LOST
(1-800-843-5678) (5 para español)
- *National Runaway Switchboard*, da ayuda a niños y adolescentes que abandonan su hogar
1-800-621-4000
www.nrscrisisline.org
- *VCA Alliance*, búsqueda de niños desaparecidos
1-800-826-4743 (internacional)

FINANZAS

- Cortes de Bancarrota
202-502-2600
www.uscourts.gov/bankruptcycourts.html
- Equifax Credit Information Services, Inc.
P.O. Box 740241
Atlanta, GA 30374
1-800-685-1111
www.equifax.com
- Experian
P.O. Box 2104
Allen, TX 75013
1-888-EXPERIAN (1-888-397-3742)
www.experian.com
- IRS
1-800-829-4477. www.irs.gov
- Servicio de Consejería de Crédito para el Consumidor (*Consumer Credit Counseling service*)
1-800-388-2227 (2 para español)
- TransUnion
P. O. Box 2000
Chester, PA 19022
1-800-888-4213
www.transunion.com

INMIGRACIÓN

- Asociación Americana de Abogados de Inmigración (*American Immigration Lawyers Association, AILA*)
1-800-954-0254
www.aila.org

- Oficina de Ciudadanía y Servicios de Inmigración (*Bureau of Citizenship and Immigration Services, BCIS*)
1-800-375-5283
www.www.bcis.gov
www.immigration.gov

SALUD
- Administración de Alimentos y Drogas (*Food and Drug Administration, FDA*)
1-888-463-6332
- Asociación Americana de Diabetes (*American Diabetes Association*)
1-800-DIABETES
(1-800-342-2383)
- Asociación Americana del Corazón (*American Heart Association*)
1-800-AHA-USA1
(1-800-242-8721)
- Asociación Americana del Corazón: Información sobre la salud de la mujer (*American Heart Association: Women's Health Information*)
1-888-MY-HEART
(1-888-694-3278)
- Asociación Americana del Hígado (*American Liver Foundation*) Información sobre hepatitis, entre otros temas.
1-800-223-0179
www.liverfoundation.org
- Asociación Americana del Pulmón (American Lung Association)
1-800-LUNG-USA
(1-800-586-4872)
- Asociación Dietética Americana (*American Dietetic Association*)
1-800-366-1655
- Centro de Educación y Referencia de Alzheimer (*Alzheimer's Disease Education and Referral Center, ADEAR*)
1-800-438-4380
- Centro de Información Nacional de Salud (*National Health Information Center*)
1-800-336-4797
- Centro Nacional de Nutrición y Dietética
1-800-366-1644
- Cólicos en bebés

1-800-352-6542
- Control de Envenenamiento (*Poison Control*)
1-800-222-1222
www.aapcc.org
- *Chemical Referral Center*, ayuda en caso de intoxicación y envenenamientos
1-800-424-9300
- *Child Care Aware* (Cuidado de niños)
1-800-424-2246
www.chemtrec.org
- *Dentist Referral Services*, listado de recomendación de dentistas
1-800-336-8478
www.1800dentist.com
- Fundación Americana del Paladar Hendido (*American Cleft Palate Foundation*)
1-800-242-5338
- Fundación de la Diabetes Juvenil (*Juvenil Diabetes Foundation International*)
1-800-223-1138
- Hospice Education Institute
1-800-331-1620
- Información de Riesgo de Enfermedades y Salud (*Disease and Health Risk Information*)
1-888-232-3228
- Inmunizaciones
1-800-232-2522
E-mail: nipinfo@cdc.gov
- Instituto Nacional de la Vejez (*National Institute on Aging, NIA*)
301-496-1752
www.nia.nih.gov
- Instituto Norteamericano para la Investigación del Cáncer
1-800-843-8114
- *International Hearing Society*, información sobre sordera
1-800-521-5247
- Línea de ayuda a niños víctimas de abuso infantil (*Child Help's National Child Abuse Hotline*)
1-800-4-A-CHILD
(1-800-422-4453)
- *March of Dimes*
1-800-627-2410

- Medicaid. 1-877-267-2323
  www.cms.hhs.gov/medicaid
- Medicare. 1-800-MEDICARE
  (1-800-633-42273)
  www.medicare.gov
- Menopausia
  1-800-222-4767
- National Headache Foundation,
  información sobre migrañas
  1-800-843-2256
- *National Hospice Organization*,
  ofrece orientación sobre servicios
  disponibles para enfermos terminales.
  1-800-658-8898
  (2 para español)
- Programa de Alimentos y Nutrición
  (*Food and Nutrition Program*)
  1-800-221-5689
  (marque el 2 para español)
  www.fns.usda.gov/fsp/
- Reye's Syndrome Foundation,
  información sobre inflamación
  cerebral
  1-800-233-7393
  www.reyessyndrome.org
- Secretaría de Salud y Servicios
  Humanos de Estados Unidos
  (*U.S. Department of Health & Human Services*)
  1-202-619-0257
  www.hhs.gov
- Seguro de Salud Estatal para Niños
  1-877-KIDS-NOW
  www.insurekidsnow.gov/states
- Servicio de Información sobre el
  Cáncer (*Cancer Information Service*).
  1-800-422-6237 (2 para español)
- Sida, Centro Nacional para el Control
  de Enfermedades, línea sobre el sida
  y enfermedades de transmisión
  sexual, también ofrece información
  legal.
  1-800-344-7432 (en español)
- Síndrome de muerte en la cuna
  (*Sudden Infant Death Syndrome, SIDS*)
  1-800-638-7437
- Sociedad Americana del Cáncer
  (*American Cancer Society*)
  1-800-ACS-2345
- Sociedad Americana de Cirugía
  Plástica y Reconstructiva (*American Society of Plastic and Reconstructive Surgery*)
  1-800-635-0635
- Sociedad Nacional de Cáncer en Niños
  (*National Children's Cancer Society*)
  1-800-532-6459
- Sociedad Americana de Ortopedia
  del pie y tobillo, da información sobre
  dolencias en los pies.
  1-800-235-4855
- *The Living Bank*, información sobre
  donación de órganos
  1-800-528-2971
  www.livingbank.org
- Y-MW es un programa de apoyo a
  víctimas del cáncer de seno.
  1-800-221-2141
  www.y-me.org

SERVICIO MILITAR
- *Registration Information Office
  Selective Service System Data
  Management Center*
  P.O. Box 94738
  Palatine, IL 60094-4738
  847-688-6888
  www.sss.gov/inslink.htm

TRANSPORTE
- Departamento de Vehículos
  www.dmv.org
- *Safety Adminitration*, pruebas de
  confiabilidad y seguridad de
  automóviles
  1-800-424-9393 (2 para español)

VIVIENDA
- Comisión Federal de Comunicaciones,
  FCC
  1-888-CALL-FCC
  (1-888-225-5322)
  www.fcc.gov
- Departamento de Vivienda y Desarrollo Urbano
  (*Department of Housing and Urban Development, HUD*)
  1-888-466-3487
  http://espanol.hud.gov/index.html
- Fundación Fannie Mae
  1-800-732-6643 (2 para español)
  www.fanniemae.com

Embajadas y consulados en Estados Unidos

A continuación encontrará un listado de los países latinoamericanos, con las direcciones telefónicas y los sitios web de sus embajadas en Washington. También encontrará los teléfonos de los consulados en algunas de la ciudades del país.

Argentina
Embajada: 202-238-6400
www. embajadaargentina-usa.org
Atlanta: 404-880-0805
Chicago: 312-819-2610
Houston: 713-871-8935
Los Ángeles: 323-954-9155
Miami: 305-577-9418
Nueva York: 212-603-0445

Bolivia
Embajada: 202-483-4410
www.bolivia-usa.org
Atlanta: 404-522-0777
Boston: 617-227-4481
Chicago: 708-343-1234
Houston: 713-977-2344
Miami: 305-358-6303
Nueva York: 212-687-0530
San Francisco: 415-495-5173

Chile
Embajada: 202-785-1746
www.chile-usa.org
Atlanta: 404-350-9030
Chicago: 312-654-8780
Filadelfia: 215-829-9520
Houston: 713-621-5853
Los Ángeles: 323-933-3697
Miami: 305-373-8623
Nueva York: 212-980-3366

Colombia
Embajada: 202-387-8338
www.colombiaemb.org/
Atlanta: 770-668-0451
Boston: 617-536-6222
Chicago: 312-923-1196
Houston: 713-527-8919
Los Ángeles: 323-653-9863
Miami: 305-448-5558
Nueva York: 212-949-9898
San Francisco: 415-495-7195

Costa Rica
Embajada: 202-234-2945
www.costarica-embassy.org
Atlanta: 770-951-7025
Boston: 617-561-2444
Chicago: 312-263-2772
Houston: 713-266-0484
Los Ángeles: 213-380-6031
Miami: 305-871-7485
Nueva Orleáns: 504-581-6800
San Antonio: 210-824-8474
San Francisco: 510-790-0785

Ecuador
Embajada: 202-234-7200
www.ecuador.org
Chicago: 312-338-1002
Houston: 713-572-8731
Los Ángeles: 323-658-6020
Miami: 305-539-8214
Nueva York: 212-808-0170

El Salvador
Embajada: 202-265-9671
www.elsalvador.org
Boston: 617-567-8484
Chicago: 312-332-1393
Houston: 713-270-6239
Los Ángeles: 213-383-5776
Miami: 305-371-8850
Nueva York: 212-889-3608
San Francisco: 415-781-7924

España
Embajada: 202-452-0100
www.spainemb.org
Boston: 617-536-2506
Chicago: 312-782-4588
Filadelfia: 215-848-6180
Houston: 713-783-6200
Los Ángeles: 323-938-0158
Miami: 305-446-5511
Nueva Orleáns: 504-525-4951
Nueva York: 212-355-4080
San Francisco: 415-922-2995

Guatemala
Embajada: 202-745-4952
www.guatemala-embassy.org
Atlanta: 404-255-7019
Chicago: 312-332-1587
Filadelfia: 215-885-5551
Houston: 713-953-9531
Los Ángeles: 213-365-9251
Miami: 305-679-9945
Nueva York: 212-686-3837
San Francisco: 415-788-5651

Honduras
Embajada: 202-966-7702
www.hondurasemb.org/
Atlanta: 770-645-8881
Chicago: 773-342-8281
Houston: 713-622-7911
Los Ángeles: 213-383-9244
Miami: 305-269-9399
Nueva Orleáns: 504-522-3118
Nueva York: 212-714-9451
San Francisco: 415-392-0076

México
Embajada: 202-728-1600
www.embassyofmexico.org
Atlanta: 404-266-2233
Boston: 617-426-4181
Chicago: 312-855-1380
Filadelfia: 215-922-4262
Houston: 713-271-6800
Los Ángeles: 213-351-6800
Miami: 786-268-4900
Nueva York: 212-217-6400
San Antonio: 210-227-9145
San Diego: 619-231-8414
San Francisco: 415-354-1700

Nicaragua
Embajada: 202-939-6570
Houston: 713-789-2762
Los Ángeles: 213-252-1171
Miami: 305-265-1415
Nueva York: 212-986-6562
San Francisco: 415-765-6821

Panamá
Embajada: 202-483-1407
www.NYconsul.com/
Atlanta: 404-522-4114
Filadelfia: 215-574-2994
Houston: 713-622-4451
Los Ángeles: 714-816-1809

Miami: 305-447-3700
Nueva Orleáns: 504-525-3458
Nueva York: 212-840-2450

Paraguay
Embajada: 202-483-6960
www.mre.gov.py/
Los Ángeles: 310- 417-9500
Miami: 305-374-9090
Nueva York: 212-682-9441

Perú
Embajada: 202-833-9860
www.peruemb.org
Boston: 617-338-2227
Chicago: 312-782-1599
Houston: 713-355-9517
Los Ángeles: 213-252-5910
Miami: 305-374-8935
Nueva York: 646-735-3828
San Francisco: 415-362-5185

República Dominicana
Embajada: 202-332-6280
www.domrep.org/
Boston: 617-482-8121
Chicago: 847-441-1831
Houston: 713-266-0165
Miami: 305-358-3220
Nueva Orleáns: 504-522-1843
Nueva York: 212-768-2480
San Francisco: 510-864-7777

Uruguay
Embajada: 202-331-1313
www.embassy.org/uruguay/
Chicago: 312-642-3430
Los Ángeles: 310-394-5777
Miami: 305-443-9764
Nueva Orleáns: 504-525-8354
Nueva York: 212-753-8581
San Francisco: 415-986-5222

Venezuela
Embajada: 202-342-2214
www.embavenez-us.org/
Boston: 617-266-9475
Chicago: 312-236-9655
Houston: 713-974-0028
Miami: 305-577-4214
Nueva Orleáns: 504-522-3284
Nueva York: 212-826-1660
San Francisco: 415-955-1982

Notas

Notas

Notas

Notas

Notas

Notas

Notas

Notas

Notas

Notas

Notas

Notas